清江浦 故事

淮安市清江浦区文化广电和旅游局 ／ 编

经济日报出版社

图书在版编目（CIP）数据

清江浦故事 / 淮安市清江浦区文化广电和旅游局编
. -- 北京 : 经济日报出版社，2021.7
ISBN 978-7-5196-0888-0

Ⅰ．①清… Ⅱ．①淮… Ⅲ．①文化史－淮安 Ⅳ.
①K295.34

中国版本图书馆CIP数据核字(2021)第115379号

清江浦故事

编 者	淮安市清江浦区文化广电和旅游局
责任编辑	王 含
责任校对	蒋 佳
出版发行	经济日报出版社
地 址	北京市西城区白纸坊东街2号（邮政编码:100054）
电 话	010-63567684 （总编室）
	010-63584556 63567691（财经编辑部）
	010-63567687 （企业与企业家史编辑部）
	010-63567683（经济与管理学术编辑部）
	010-63538621 63567692（发行部）
网 址	www.edpbook.com.cn
E－mail	edpbook@126.com
经 销	全国新华书店
印 刷	成都兴怡包装装潢有限公司
开 本	787mm×1092mm　1/16
印 张	15.00
字 数	200千字
版 次	2021年7月第一版
印 次	2021年7月第一次印刷
书 号	ISBN 978-7-5196-0888-0
定 价	128.00元（全彩）

序

清江浦上《山海经》

◎ 荀德麟 / 文

　　清江浦段运河是大运河与古淮河交汇处的一段运河河道，清江浦是这段运河所派生的著名城镇。在《明史》《清史稿》《明实录》《清实录》等历史要籍中，清江浦运河也罢，清江浦城镇也罢，出现的频率均非常高。这也难怪，清江浦运河是黄淮运河交汇处的清口水利枢纽的重要组成部分；清江浦城镇为漕运总督行馆之所在、河道总督衙署之所在，事关河务、漕运，事关明清国脉。所以，作为"运河之都"重要组成部分的清江浦，有着深厚的文化底蕴和丰富的历史遗存，是故事之山、故事之海。

　　近年来，清江浦区立足大运河文化带建设，着力将清江浦打造成运河旅游度假目的地。这本书的编辑出版，不仅充分挖掘运河、名人、美食、戏曲等文史资源，也全方位展示了清江浦运河名城的文旅风情，是文旅成功融合的典范，也是对"以文塑旅 以旅彰文"的最好诠释。通过这本书，清江浦故事广为流传，深入人心，书写了"运河三千里 最忆清江浦"的生动篇章。

　　全书以故事所反映的主题为归依，分为运河史事、名胜记事、名人往事、美食逸事 4 章，章下立 28 个类目，而以每个故事作为记述的实体，凡 100 个故事。这些故事配以图照，笔触生动、入目感人，有的传史征信，类似于《史记》的本纪、列传；有的细节传神、惟妙惟肖，特肖唐宋传奇；有的立足本事、酌情渲染，纯属稗官野史；有的则虚虚实实、亦幻亦真，颇似《列仙传》《搜神记》。然而，无不紧扣清江浦的历史地理、名胜名人、良风美俗，以及倾倒天下食客的淮扬美食。其中，很多生动的极具文史价值的人和事，不仅可补正史、方志之阙，而且因为采自街巷、源于众口，实是不可多得的非物质文化遗产。这，正是《清江浦故事》的价值所在、珍贵所在。

　　故事传史、故事载文者，《山海经》也。《清江浦故事》，堪称清江浦的《山海经》。

　　　　　　　　　　　　（作者系著名文史学者、诗赋家）

目录

第一章 运河史事

往事悠悠清江浦

◎黄迎红 / 文

漕运,《辞海》释:水道运粮也。专指中国历代封建王朝所征粮物,解往京师或其他指定地点的水上运输。人类起初开展水运均以天然河流为道,淮安境内的淮河和泗水是我国东部地区联系南北最理想的天然河道,亦是南北方水上无法取代的交通要道。

自公元前 486 年吴王夫差北进争霸中原,开挖出邗沟(大运河前身),沟通了长江和淮河水系,从此南来北往的船只不再航行大海,而是直接从邗沟进入淮河。

邗沟北通淮河,只有末口一处入淮口。末口到清口段的淮河,是南北水上交通运输的连接轴绕不过的关口。自古就是"南必得而进取有资,北必得而饷运无阻"的兵家必争之地。《史记·吴王濞列传》记述,景帝三年发生吴楚七国之乱,太尉周亚夫领 36 将军平叛,派弓高候等以轻骑兵袭清口,断了吴楚军粮的供应通道,从而平息了叛乱。邗沟(运河)来自长江的水位高于淮河,古人在其入淮口(北辰坊)建有拦河土坝以节制,从南方北上的船只都要受其"盘驳"劳费一番方能入淮。

运河的开凿不仅是军事的需要,更是当时处于南北分治、漕运发展的需要。唐太宗李世民倡导节俭,用度较省,贞观年间从淮南调运的粮食较少。开元年间,开支大增,必须从淮南、江南等地调运漕粮。为了漕运甚至把泗水边的泗州古城迁至淮河边的临淮县城。北宋定都汴梁,疆域较小更依赖于漕运。每年从南方地区租粜的大米达 600 万石,在真、扬、楚、泗十个州设仓收纳。

当年,楚、泗都是漕运中心,包括淮阴故城共三座都是沿淮港口繁华的中心城市。船行经邗沟出末口,不仅"盘驳"劳费,且要逆行淮河 220 里方能抵达泗州之汴口,再溯汴河向汴梁进发运抵京师。可是汴口以下的淮河属入海河段,风浪险急,尤以 U 形的山阳湾"水流迅急,不便行舟",从汴水入淮后,船过洪泽镇向东折入淮扬运河,其间一段淮水,风浪最险,"运舟多罹覆溺",每年要损失船只约百七十艘,"不怕过江,就怕过淮"

北太宗雍熙年间,负责漕运的转运使刘蟠,曾动议开凿"自楚州至淮阴,凡六十里,舟行便之",但未及完成。他

蓝天碧水清江浦

清江浦楼

的后任乔维岳继续完成了"开河末口至淮阴磨盘口"40里的沙河，并在磨盘口附近创建了世界上最早的二斗门（复闸原理），免风涛之患达百年。

400年后，明成祖朱棣迁都北京，此时沙河已淤塞，漕船至淮安仍须"过坝渡淮"以达清河口，挽运者不胜烦劳。平江伯陈瑄寻访当地父老，循沙河故道，"乃凿清江浦，导水由管家湖入鸭陈口达淮。十三年五月，工成。缘淮安西管家湖筑堤十里以引舟"。又建造了移风、清江、福兴、新庄4道节制闸，免除了"过坝及风涛之患"，从此漕运由此出清口，入黄河北上进京。清江浦成了"襟喉南北处"，保证清口畅通的前沿哨所。一切利于漕运发展的"天下粮仓"、清江督造船厂、漕运行府的设置和国朝河院移驻于此，使其"舟车鳞集，冠盖喧阗，两河市肆，栉比数十里不绝"。清江浦的历史又进入了明清勃兴繁盛的篇章……

"清江浦"，取清口之"清"、长江之"江"、入淮河的水渠淮地"浦"。清江浦，一个氤氲着水汽的城市，古往今来，多少漕船盐舟、车马商贾、达官显宦在这里留下佳话传说。

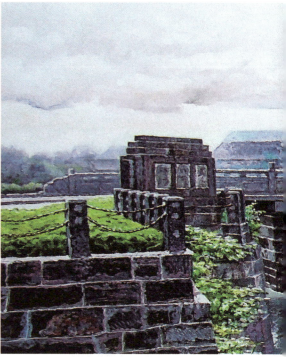

吴公祠

吴棠智造清江浦城

◎郭应昭／文

——

清同治二年（1863）初，曾两任清河县令的盱眙人吴棠被朝廷提拔为漕运总督，官至正二品。从咸丰三年（1853）起，他再任清河县令后的10年，江淮地区多灾多难，水灾接旱灾连蝗灾，饿殍随处可见，加上贪官腐败，盘剥百姓，以致官逼民反，捻军蜂拥而起。

咸丰十年（1860）的一天，河道总督庚长宴请从淮安府来的漕运总督联英，清江浦大小官员都在饮酒取乐听歌看戏。捻军不费吹灰之力，一举攻克清河县城清江浦。庚长等大小官员只好都逃进淮安府城里去。吴棠临危不惧，亲自在清江浦北圩上督战，终于击退捻军，为保卫漕运重镇清江浦立下了汗马功劳。在户部左侍郎杨以增和太常寺少卿王茂荫的举荐下，吴棠多次得到了朝廷的赏识。

"铁打的淮安城，纸糊的清江浦城"形象说出清江浦城没有城墙，不堪外来一击。吴棠总督上任的第二天，一夜没睡好的吴棠匆匆吃过早饭，叫上贴身跟差柳成一同出门，前去拜访住在清江浦厅门口巷里的乡绅鲁一同。

鲁一同是吴棠首任清河县令时结交的文人好友。鲁一同自幼聪慧好学，文采出众，道光十五年中举，此后屡次会试没有再金榜题名。然而，鲁一同的文章、诗词和墨梅在文人中名气很大。他所写的文章气势磅礴，对国家、社会大事有独到的见解。所吟的诗词无不赋予真情实感，"非到勃发不已不下笔"。所画的墨梅灵动传神，饶有兴味。

来到鲁府，分别在两张红木太师椅上落座。未等鲁一同开口，吴棠就开门见山："这次圣上实授鄙人漕运总督，

若飞桥

深感担子重责任大，好多事务尚待处理。首当其冲是如何守好清江浦。这些年来捻军多次进扰清江浦，衙门上下惶恐，无心正常处理公务；商旅至淮战战兢兢，难以安心打理营生；城内百姓叽叽喳喳，心浮意躁寝食难安。清江浦是漕运嗓喉之重地，南北交通之枢纽，商宦往来之要津，朝廷对这块地方很是放心不下。为此一夜难寐，想到有兄台在，诸事可多有请教，心中方宽许许多。

话刚落下，鲁一同连忙摆手说："无妨无妨！清江浦开埠430多年，是大清江山南北分界处的风水宝地，前明今朝圣上皆视之为钱库粮仓，哪能有所差池。清江浦除了被黄水占道的淮河和疏浚的里河外，再无所可依托。守城须有城池，御敌当有兵勇，凭清江浦的现况，这些都不具备。愚兄倒有点想法不知当否……"说到这里，鲁一同笑着故意把话打住。吴棠正听得入神，见鲁一同欲言又止，抬头看了看左右，拂手让柳成等全部退下。两人都把身子向前靠了靠，轻声咬起了耳朵……

二

吴棠上任后第一件大事就是将漕运总督府署迁至河道总督部院。为抵御捻军进攻，保卫清河县城，吴棠命清河县令派人在清江浦总督府署、清河县署和十里长街万字口处分别张贴了两份公告。一份内容是关于成立清河县抗击捻军联防团，聘鲁一同为高级顾问。要求各乡镇以安清帮为骨干，招募乡勇，组织训练。一份内容是关于募集资金固圩护城，要求清河县城内的大小商户捐钱出人。两份公告得到清河县邑人的积极响应，全县乡镇设72局，受过训练的乡勇达数万人，外围可合力防御捻军来犯。加固一丈高的土圩作为清江浦四周屏障也顺利筑成。哪知土圩子刚完工，数万捻军就直逼圩下，双方相持数十天，土圩差一点被捻军攻破。在外围乡勇的联合夹击下，清江浦城内的联防团拼死守圩，捻军才被迫撤走。

为抵御捻军再次来犯，造清江浦砖城迫在眉睫。吴棠让鲁一同代撰向工部、户部的书面报告和方案。为尽快开工，吴棠又专程赶往京城，当面向慈禧太后和皇上禀报，得到了首肯。

清江浦经济、交通的繁华地段多在里河（即里运河，这里指清江浦河段）北的十里长街、石码头街，通京大道及南船北马的交换地也在里河北，而里河南多是衙署所在重地。筹集筑城经费只有 12 万两白银，造不了大城。只有把繁华的十里长街、石码头街、文庙、丰济仓等框外去，保证官衙机构的安全和正常运转才是。但城造小了，清江浦老百姓肯定腹诽多多。

三

早在吴棠再任清河县令时就有造砖城打算，无奈当时小小县令没有这个权力，但现在不同了。在清河县令位上时，他已派人暗地勘察过清江浦地形，认为清江浦城要依托里河（清江浦河段）建城，清江浦城池规模不宜大，只需把驻在清江浦的淮海道台署、清河县衙署、游击署和江南河道总督府署等大小官衙围在里面即可。所以，鲁一同的提议正合吴棠心意。

高家堰是生命线。从吴棠命令破堤的第一天起，清河、山阳、盱眙三县共管区的临湖百姓和护堤人员心急如焚，人们纷纷请愿，祈求不拆高家堰的石工……然而在拆到清口第二层石工时，竟拆出了一块刻有"刘基造，吴棠拆，拆到此处拆不得"字样的石碣，众人见之哗然。有的说这是天意，有的说看吴棠还敢拆！

吴棠接报后匆匆来到现场，看过那块石碣和被拆的一长溜石工后，又把目光转向长跪在高家堰大堤上黑压压的人群，他轻轻扶起跪在最前面的一位老叟亲切地说："老

清江浦景区

人家，请起请起！"然后，面朝高家堰大堤上的众人朗声说道："既然如此，石工就不拆了！造城砖另想办法。"众人一听吴棠说不拆石工了，连声山呼："谢谢大老爷！谢谢大老爷！"

嗣后，吴棠派人招募工匠一边做清江浦城石基础，一边雇人在清江浦西部一块旷地上（此地后称窑汪）盘起了5座大窑烧制城砖。清河、山阳、盱眙等地很多技术上乘的窑工纷纷应募前往制砖坯烧大窑，用时8个月，所需城砖均烧制完成。清江浦城开工于同治三年春，第二年秋竣工。城周长1273.65丈，高1.8丈，外墙杉木梅花桩基础上铺石块，石块上城砖满砌，全部用糯米石灰浆灌嵌，城墙内为1丈宽、1.5丈高的夯土，整体结构十分坚固。四城门上均砌有砖木结构门楼，四楼皆入嵌一门额，分别为安澜门（东门）、迎薰门（南门）、登稼门（西门）、拱宸门，另外开设一座水门（供城内人到里河汲水通行的门）。

清江浦城竣工庆典那天，站在安澜门城楼上的吴棠感慨地对身边贴身柳成说："多亏石碣帮忙，不然造如此小城岂不被世人骂耶，造大城亦实在是勉为其难矣！然鲁公已驾鹤西去，未能亲睹此景，憾哉！"柳成掉点头应道："还是大人和鲁公考虑周到，不然，哪来现在的两全其美！"原来那块"刘基造，吴棠拆，拆到此处拆不得"是吴棠与鲁一同共同商定的主意，让柳成找人仿刘基笔迹刻制并做旧后提前埋到石工墙里。这招既解决了清江浦城石基础的需要，保证了清江浦城池的防御功能，又化解了清江浦城造小后的种种矛盾。

景点推荐

　　陈潘二公祠是明、清两代为祭祀明代两位治水名臣而建立的祠堂，分别是清江浦的开凿者陈瑄和洪泽湖水利枢纽工程的建设者潘季驯。

主题特色

漕运大历史

位置定位

轮埠路 140 号

陈潘二公祠并祀

◎荣根妹 / 文

陈潘二公祠

明永乐十三年（1415），陈瑄开清江浦20余里，导清江浦城西管家湖水入淮河，并于清江浦城内运河上建清江正闸（即清江大闸）。后又疏清江浦至山东临清段运河，通漕运。陈瑄治运对清江浦的兴起、发展和繁荣起到了决定性的作用。

陈瑄之后，明代又一治水名臣潘季驯先后奉嘉靖、隆庆、万历三朝简命，4任河道总督，4次主持治理黄河和运河，前后持续27年，创下明代治河史上主持河工的最高纪录。

潘季驯筑高家堰建成洪泽湖水库，"蓄清刷黄"近280年，济运420余年。他创立的"筑堤束水、借水攻沙"，以全新的治河方略和"堤防修守"的完备措施为后世治河所借鉴。尽管潘季驯治理黄、淮、运河功勋卓著，但在其去世后的160多年里，并未像陈瑄那样建祠列祀。

清朝前期，统治者非常重视黄、淮、运治理，兴修水利。康熙将"河工"与"削藩、漕政"并列为治理国家的三大要务。乾隆在《南巡记》中说："南巡之事，莫大与河工。"康熙、乾隆6次南巡，治理水患、安定社会、了解民情、争取人心，同时也对治河有功臣工进行嘉奖议叙。

据清宫《上谕档》记载，乾隆二十二年，乾隆皇帝第二次南巡，于二月初六日下过这样一段谕旨："昨以内大臣高斌前在南河，懋著劳绩，特颁恩谕，令与靳辅、齐苏勒、嵇曾筠一同祠祀。更念有明一代治河之臣，其最著者惟陈瑄、潘季驯二人。潘季驯之功实优于陈瑄，运道民生，至今攸赖。今清江之湄，瑄有专祠，季驯独不列祀典，朕甚悯焉。其以潘季驯与陈瑄并祀，有司春秋致祭，用昭崇德报功之典。钦此。"

乾隆皇帝在立祠致祭本朝治河功臣的同时饮水思源，对潘季驯治河之功作出了"实优于瑄，运道民生，至今攸赖"的高度评价，并发出"季驯独不列祀典，朕甚悯焉"的感慨，遂颁谕旨。于陈公祠为潘季驯建附祠，令"潘季驯与陈瑄并祀"，"用昭崇德报功之典"。

这就是陈潘二公祠并祀的由来。

陈潘二公祠

治理漕政阅石堤 大公至正乾隆爷

◎安俊 / 文

清江浦故事

1751 年，乾隆首次南巡经过清江浦。当时，乾隆从黄淮运交汇处的清口往东，来到清江浦境内修筑的直隶厂行宫（今为清江浦里运河南岸）。沿着里运河大堤策马前行，欣赏迤逦风光，情不自禁哼起诗来："樯乌五两顺，瞬息将百里。郡城临清淮，蜿蜒耸堞雉。土堤与城齐，一线束流水。切近俯闾阎，意外虞艰恃。让水势不能，保障惟藉此。甃石费虽巨，为民无惜理。爰以命河臣，形势大端指。归舟相设蓰，稍慰勤民意……"

突然，马儿受惊跳了起来，原来东南地势卑下，运河水面愈加逼近堤顶，成片的柴塘湖荡几乎浸漫大堤内侧。乾隆被惊醒了，心想：仅凭一线土堤，怎能束住汛期的汹涌洪水，郡城安危全系于此堤了！于是召集总河高斌等近臣探讨捍卫对策，一致认为除了镶石护堤，别无他法。乾隆爷也认为，哪怕费用再大，也没有丝毫吝啬的理由。

1753 年，黄河在徐州决口，冲入洪泽湖夺淮而下，按常理秋汛已过，不该有如此大水患。这时乾隆收到两广总督钮祜禄·策楞的奏折，称同知李敦、守备张宾侵吞公款，造成水利工程工期延误酿成溃堤，于是御批道："将李敦、张宾即于该工正法，使在工人员知所惩戒。以高斌、张师载负恩徇纵，命将二人绑赴行刑处所，目睹行刑后再行释放。"

何以乾隆爷要如此对待自己的"老丈人"代理两江总督高斌呢？原来，1748 年高斌与顾琮查办浙江巡抚常安贪赃案，办案不公被革职查办，乾隆爷网开一面让其官复原职。可没几天，高斌又在办理江南河道总督周学健家产暗中徇情，乾隆爷大怒，收回其"大学士"衔。1753 年初，他被派往治理洪泽、高邮洪水泛滥，结果失职被部下严议，后又袒护因贪污被抓的二位老属下河南外河同知陈克济、

海防同知王德宣、这次辛酉年黄淮并涨又管理不严，加之对此前的训诫置若罔闻，所以乾隆爷决定将高斌一撸到底。

当李敦、张宾二人被处斩后，高斌看到惨不忍睹的现场，联想到自己马上就要遭到同样下场，哭天抢地，泪流不止。这个71岁的白发老人此刻感觉到一种无力感，已经彻底绝望、深深后悔，死神在一步步地迫近。当刽子手的屠刀落下时，寒光刺入他的眼帘之中，高斌顿时觉得眼前一片空白，昏倒过去。哪曾想这一刀其实是斩空了，高斌随后又被释放。高斌捡回了一条命后，再也不敢徇私枉法，再也不敢仗着特殊身份为所欲为。他戴罪立功，次年累死在治河工地上。

两年后，乾隆爷第二次南巡，在南河总督府睹物思人，诏谕在清江浦运河北岸建"四公祠"，同时祭祀靳辅、齐苏勒、高斌、嵇曾筠4位河道总督，并让其牌位入祀贤良祠。

月圆清江浦

《在园杂志》中的清江浦

◎钱万平 / 文

清江浦故事

《在园杂志》是清朝刘廷玑撰写的一部四卷本散文集。刘廷玑，字玉衡，号在园，晚年调任河工，参与治理黄河、淮河。他自幼酷爱诗文，少负文名，加之优越的家庭环境和丰富的阅历，使他有机会和当时第一流的文人交往，切磋学艺。

《在园杂志》这部散文集由著名剧作家孔尚任作序，因其独树一帜，内容丰富，包罗万象，知识性很强，所以影响很大。值得清江浦人骄傲的是，这部集子里有几处提及到清江浦，这固然与作者曾任河工有关，同时也说明了清江浦历史地位上的重要。

《在园杂志》卷三里有一段是这样写的："张遂宁先生鹏翮以宫保尚书总督河道，驻淮安清江浦。行署之西有大方池，莲最盛，忽开并蒂数茎，莲房颇大。先生宴集僚属赋诗，写图以纪其事。时封翁太先生在署，年正八旬。先生与夫人结发齐眉，介弟三人、二公子暨孙辈俱欢聚一堂，人以为佳兆云。先生为予荐师，其不称夫子而称先生者，先生教以当如是也。"

这一段记叙了曾任河道总督的张鹏翮在清晏园荷芳书院前，连同他的老父亲、妻子以及弟弟，与属僚们赏荷赋诗之盛况。从"先生为予荐师"句还透露出张鹏翮与刘廷玑之谊。

说到张鹏翮，《在园杂志》还记录了他的轶事。卷三里一段这样写道："遂宁先生平生极敬关夫子，极慕诸葛武侯之人品学问。关帝集有志书二本，武侯集有忠武志八册，俱考订详明，可法可传。总河行署川堂后有厅事三楹，南面供奉关帝像，旁周将军持刀侍立。西面设几案，遂宁先生端坐办理公务，幕中无一友，一应案牍俱系亲裁。有时集寮属商，略稍有私曲，即拱手曰关夫子在上，监察无遗，岂敢狗隐！间有以密语干渎者，即曰周将军刀锋甚利，尔独不惧耶？"

读了这一段，眼前会不会兀立一位人品高尚、亲力亲为、耿直无私的廉吏形象？发掘出这一段历史，是不是可以为当今的廉政教育增添资料？

《在园杂志》里还提到了钵池山："扬子江以北数百里平原，并无一山，而淮安府附郭名山阳县。考志书云旧有地名山阳，因以名县。然未详所以命名之故。询诸野老，参以己意，盖山以南为阳，县北有钵池山为二十七（注：系七十二之误）福地之一，王子乔修仙处。地形较他处高数仞，非土非石，皆积砂所成。岂山阳以此得名耶？"

《在园杂志》里还有一段："隋炀帝由河南幸扬州，开河行舟，今四（"四"同"泗"）州之汴河即其故道。一日至破釜涧而雨，乃易名洪泽涧。齐书云洪泽涧在淮阴镇之东，淮阴镇即今之清江浦也。"

1、周恩来童年读书旧址

2、万青选陈列展

3、周恩来童年读书处旧址

4、周恩来和嗣母居室

13

周恩来书房

周恩来童年故居

为中华之崛起而读书浮雕

18

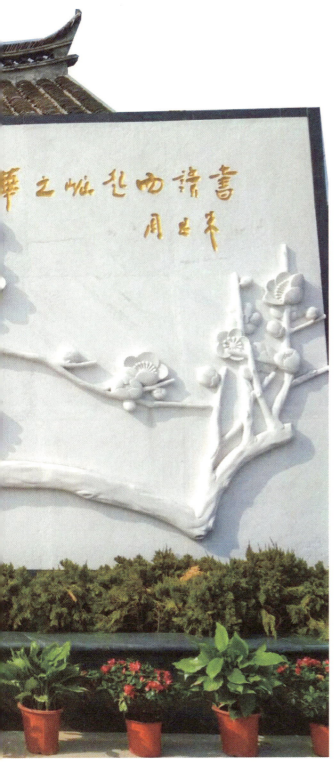

私塾馆

陈家花园塾馆

一品梅

壹

仙鹤斗水怪　老道救大闸

◎谢志明 / 文

　　日本占领淮阴的时候，里运河上的交通运输、清江大闸的控制权掌握在日本人的手里。

　　传说，这一年夏天发大水，运河水猛涨，从上游顺水下来一条水蟒，一直盘踞在清江大闸与越闸之间的河滩上。这厮瞪着三角脑袋上绿绿的小眼睛，吐着开叉的红信子，吓得淘米洗菜的大姑娘小媳妇，扔了篮子丢下米惊恐而逃。下河担水的挑夫，到了河边也是胆战心惊。水蟒还潜到停在河面的船下干些偷鸡摸狗的事，见了鸡狗直接生吞活咽。一时间运河上人心惶惶，人们都称是水里出了妖怪，不仅吃鸡吃狗还会吃小孩子。

　　驻扎在城里的日本鬼子也着急，没有船只过闸，他们每天就搜不到民脂民膏。鬼子们也不知道用什么方法，最后确认清江大闸闸室下就是水怪的老巢。要消灭水怪，必须在闸室底放进炸药，引爆后把水怪炸死。

　　这天下午，鬼子要用炸药炸水怪了。消息传开，大闸两边来了许多看热闹的人，个个伸长脖子，踮起了脚尖看鬼子炸水怪。人群中有人讲：要是水怪没炸到，却把大闸给毁了，怎么对得起老祖宗啊，我们这日子可怎么过啊！这时就有人大声喊：不能炸大闸！不能炸大闸！可是鬼子哪里听这些啊。

　　突然一声鹤唳，从越闸闸背上走来一个老者。老者白发白胡白衣白鞋，手里一把白色的拂尘，怀抱一只大仙鹤。

　　仙鹤通体雪白，头上一顶丹红，眼睛绿箭一般，脖颈高高扬起，尖尖的长喙正张开着，尖利的声音正是这只仙鹤叫出来的。鬼子们一看这情景也怔住了，不知这是来自何方的神圣。

　　运河的水面静的有点出奇，突然河面一个水花翻过，水底黑影一现，随即又沉到水底。这时，岸上仙鹤一个振翅，两条长腿一弹，扑楞着翅膀向河中间冲去，冲到河面盘旋两周又向高飞起，到了一定高度，仙鹤像从高空射下的箭一样紧收翅膀，双腿笔直，尖喙前伸，从空中直直冲了下来。到了水面一个翻身，一道白光又冲回空中，得胜似地打了一个响鸣。第二次又急速冲下，水中黑影向下一沉，突然后尾巴像鞭子一样挥起，鞭梢头打到仙鹤腹部，仙鹤掉下几根羽毛，奋力飞到老道身边，腿一软竟然卧了下来。

　　这时的河面像烧开了油锅一样，只见一个长东西在水里蜷曲着翻腾着，活像炸在油锅里的麻花，一会儿白肚皮朝上，一会儿黑脊背朝上。

　　老道立即吩咐开闸放水，这边闸门刚开一点，水蟒像是察觉到了逃跑的路线，倏地窜下水去，顺着闸底夺路而逃。再看这边，只见老者一挥拂尘，迈步向东走去，仙鹤也冲向空中。

　　人们对着老道消失的北方，打躬作揖、顶礼膜拜，连称清江浦是有神仙护佑的福地。

清江大闸保护标志碑

清江大闸石刻碑文

清江大闸的正闸

日军逃败清江闸

◎荣根妹 / 文

1945 年 8 月，日本投降前夕，日本人雇佣清江浦百姓连日连夜收拾逃跑的东西，一条机动商船装了满满一船大洋和铜板，百姓将这一情况秘密汇报给了共产党在淮阴的地下组织。

淮阴地下组织当即决定拦截这批货物，不能让日军掠夺我们的财产。得知日军逃走的确切时间后，地下组织连夜开会商量拦截对策。当时地下组织里有一位叫高山的小伙子，长得膀大腰圆，人也很机灵，他的公开身份是在清江大闸撑船。

那时候清江大闸段的水流非常湍急。清江浦籍作家陈白尘曾有一段具体生动的描述：大闸原来半里宽的河面，除了越闸分区不足三分之一的河水，其余都

清江大闸

向这狭窄的闸门而来，你冲我撞，于是互相激荡，形成汹涌澎湃之势，而两岸石壁，回声相应，发出震天的怒吼。当这些怒流在约莫五丈长的狭窄的闸堂中被两岸巨石相互撞击、左右翻腾之后，终于挤出大闸后门，在大闸塘里形成无数的漩涡。在几十丈宽广的闸塘中回旋之后，才以一泻千里之势直奔长江而去。清初诗

清江大闸（越闸）上的牌坊

人吴伟业也曾写诗感叹道：岸束川流怒，帆迟几日程。石高三板浸，鼓急万夫争。

所以，清江浦曾流传这么一句俗语：眼一瞎，跳大闸。根据这种情况，高山在会上建议，在清江大闸段阻击日军船只，并详细部署了作战方案。

一个伸手不见五指的深夜，地下组织得知日军当晚逃跑，安排高山带领一群"捣猛子"高手秘密隐伏在清江大闸下。当日军船只到达清江大闸的时候，虽然是机动船，但也被湍急的水流冲击得寸步难行，直在原地打转。这个时候，高山一群人迅速冲进清江大闸闸门室，控制了闸门，将闸门快速拉上拉下。随着闸门的一关一合，水流更加急速，只几个回合，日军的船只便栽倒在大闸河底。然后，"捣猛子"高手从沉在河底的船舱里将银元与大洋一点点摸上来。这些钱后来都用在了淮阴城的河道修复上。

清江大闸与双旗杆

◎朱士元 / 文

清江浦故事

清江大闸东侧曾有个远近闻名的双旗杆。双旗杆的主人姓朱，名泊，是清朝翰林院大学士。

朱泊出生于清康熙年间，自幼受到良好的家庭教育。他聪明过人，好多知识只要老师教了一遍，便能熟记在心，被人们誉为"小神童"。8岁那年，老师问他将来长大了干什么？他出语惊人，说将来长大了为黄帝做事。老师又问，你想帮黄帝做什么事？他随口答道，叫军队不打仗，人人都过好日子。这番话哪是小孩所言，简直是国家军政大员的口气，实在让人佩服。

转眼间，已到了考取功名的年纪，朱泊在老师的指点下，做好了一切应试装备。进京赶考那年，他在家人的陪同下，一路上风餐夜宿，吃了好多的苦头。到了京城刚住下，他染上了疟疾，一连数日，茶饭未进，身体十分虚弱。病床上，朱泊深感这次没有希望，不作过多努力。正在无望之时，朱泊出了一身汗后，身体一下子痊愈了。第三天他准时进了考场，这是他头一回考试，也是最后一次考试。

他这次考试的题目叫"国策论"，文章字字句句令考官大为震惊，深感此人为奇才。但由于朝廷内的腐败，朱泊并未能考取理想的功名。当时，翰林院里有位考官惜才如命，极力举荐朱泊为官。朱泊深感仕途艰险，不如自己做学问为好，便婉言谢绝。皇上为了摆出自己的爱才模样，封朱泊为翰林院大学士，并将清江大闸东侧一套木质结构的小洋楼奖赏给他。小楼上下两层，还有后花园，并在门前竖起一根旗杆，以示皇上的恩典。在朱泊家旁边，还有另外一户人家，也是皇上敕封的，同样竖起一根旗杆，紧靠一起，人称双旗杆。

从乡下一下子到城里，功名显赫，朱泊家中门庭若市，城里官员，社会名流，便成朱泊家的常客。在此期间，朱泊与他们多谈治理国家的阔论，颇有见地，影响较大。朱泊有了名望以后，对家人与族中人要求严格，不能以此来欺侮他人，要与人和善，真诚相处，遇有难处的人要尽力帮助，对那些想借他名向上爬的人一概不理。朱泊生活节俭，朝廷给他的奉禄，从不乱花，经常用来接济穷人。对那些在乡下种他家地的人，随人家交多少粮食都可，只要自家够吃就行，如有难处，一粒不收。有一年，一个外姓小孩找到朱泊，说自己是孤儿，家中无人照顾，被他安排了，这个人后来也有了功名。

朱泊的才学和善举备受人尊崇，有个族中人依仗他的名义欺侮他人，被他知道后，狠狠训了一顿。自那以后，族中人再未出现过这类事。朱泊的美名一直传到现在，在他的熏陶下，后来的几代人都很受人尊敬。

鸟瞰中洲岛

运河排工遇险记

◎荣根妹 / 文

20 世纪，里运河越秀桥附近一数百平米的水域，漂浮着大量长短不一、粗细不等的圆木，这些圆木都是运河排工千里迢迢从长江运来的。由于运河往来船舶较多，为避免碰撞，排工们总是拿着竹篙在木排上不停地前奔后跑，左冲右突。因为木排无舵，随着水流来回飘荡，稍有疏忽就会撞上交汇的船只，所以，这时全靠排工们的经验和技术。

在这些身强力壮的排工中，张跃是个胆子特别小的人。有一次，因为要货人催得紧，只好连夜运送木材。木排在拖轮的牵引下，很快来到运河上的第一个关卡——邗江县的施桥船闸。要知道，进出船闸是个技术活。因为进闸时航道突然变窄，拖轮和木排之间的缆绳又要断开，所以，失去牵引力的木排全靠排工们的力气，才能准确进入狭窄的船闸。出闸时又得一番紧张的方向调整，才能让拖轮和木排重新组合，在大运河上继续航行。

那天晚上，月光皎洁如练，运河上风平浪静，是个适合运输的夜晚。船快到船闸时，张跃忽然听到什么东西在河面上行走，踩得水流哗哗作响，从船尾传过来，渐渐靠

近船只。张跃怀疑是盗贼，便问同船的人，那人也说听见了。两人问答之间，回头看见一朵青色的火焰，像一盏灯突出水面，随水浮游，又猛然熄灭，接着有一个黑色的人影从水里冒出来，直立于水上，竟然手攀着船舷而行。张跃见此情景，早已吓得魂飞魄散，脚下趔趔趄趄地站不稳。这样对峙了一会儿，但见那水中黑衣人只是扶船而行，并无半点破坏之意。很快就要过船闸了，张跃使出浑身力气把握船行方向。船左左右右在水中摇晃，眼看就要撞上闸门了，张跃紧张得头顶冒出了青烟，只觉眼前一黑晕了过去。

不知过了多长时间，张跃醒了过来，却见船已经安然无恙过了船闸，同行那人也躺在自己身边，那个黑衣人不见了踪迹。

回来后张跃与家人朋友说起这次险遇，有人说黑衣人是河中生物化身而成，有人说黑衣人是葬身河中人的魂魄，有人说黑衣人确实是人，还有人说黑衣人也许只是张跃半梦半醒间的一个幻觉而已……

空中看文庙

大闸口义贼

◎郭应昭 / 文

　　清江大闸口商贩云集、人声鼎沸，一身着长袍马褂、头戴毡帽的 20 多岁的男人，怀抱一条京巴，悠闲地在人群中踱行。他嘴角上扬，似笑非笑，双目如炬，四下溜转，熟人见到他，亲热地称他为"二爷"。"二爷"手下几个兄弟正混在熙熙攘攘的人流中挤挤撞撞地忙"活"。

　　"二爷"名叫温东西，清江浦石桥人，是清江浦的贼头。他有一个孪生哥哥叫温南北，3 岁连病带饿夭折了。但石桥人喜欢把温东西叫为"二双"。

　　民国十三年生的温东西有一个打渔的父亲，一家人靠着打渔维持半饥半饱的生活。一次，父亲在里运河里打

了一条 20 斤重的黄杆鱼，渔网差点被凶猛的黄杆头钻了一个洞，亏被抄网抄住。黄杆鱼是吃鱼的贼鱼，味道鲜美，很受食客青睐，正可卖个好价钱给温东西的母亲抓几副药。听说捕获了一条大黄杆鱼，石桥的邻居们都跑到他家来看稀奇，石桥的财主刁有富也捧着水烟枪带着管家来看热闹。见到圆滚滚的黄杆鱼，刁有富贪婪的眼睛顿时放光，他指着这条黄杆鱼尾巴上的花纹说："这条鱼尾巴上有记号，是我家鱼塘跑掉的……你乖乖地把鱼还给我！""二双"父亲欲上前争辩，谁知刁有富狠狠说："哼！不还的话，你就是偷，我就让你吃官司！"温父胆小怕事，

只好眼睁睁看着刁财主的管家拎着黄杆鱼扬长而去。刁财主的霸道深深刺痛年已10岁的温东西的心，埋下了他对为富不仁财主的仇恨种子。

温东西想，你刁财主拿"偷"字来讹诈欺负我们穷人，我迟早让你们这些不义的有钱人尝到苦头！13岁时，读过几天私塾的温东西硬要去城里学徒，后来竟拜了在清江浦名义上是开饭店的"神偷"马留首为师，悄悄干起了扒窃的营生。在马留首的言传身教下，他专扒那些经过大闸口的有钱人和权贵，出手神不知鬼不觉，不留痕迹。警察局接报后多次派人防范，多无功而返。温东西等人偷来的钱物交给马留首处理。马留首将钱物一部分留作师徒几个的生活，一部分则在叫花堂和慈云寺放了粥棚，救济在清江浦的饥民。

为了报复刁财主，14岁的温东西和同门师兄弟4人在一月黑风高之夜，偷偷跳进刁财主的牛圈，用麻药馒头麻倒一头黄牛后并用绳子捆住牛嘴，不让它发出声响，4个人竟活生生地下掉4条牛腿扛走……

8年过去了，已逾花甲的马留首让位于温东西，温东西继承了他师傅的"义"字，偷来的钱多是发散给清江浦饥民。他在东大街上开了一爿小杂货店做掩护，表面上看似本分的生意人，背后还干着窃富济贫的勾当。警察局时不时地派出暗探查访，对温东西的手下构成了很大威胁。不过，温东西一眼就能识出人群中的便衣探子，为了手下兄弟的安全，他每天上午都要怀抱一条小狗到大闸口溜达一圈。看到情势不妙，他便将小狗的屁股朝外，发出警示。情况正常时，小狗头朝外，告知平安。

清江浦城第一次解放后，温东西金盆洗手不干了。他关闭了城里的杂货店，跟曾驻在石桥的新四军炮兵连队伍走了。

29

文徵明诗书合璧清江浦

◎荣根妹 / 文

嘉靖二年（1523），文徵明负笈北上，路过清江浦。晚间宿于清江大闸畔御码头美食街上一"郝记旅馆"。当夜月凉影乱，整个房间似乎弥漫着一种不安的气息。文徵明翻来覆去难以入眠，一种忧国忧民的情怀缠绕着善感的心灵，索性揽衣出门，踱步至清江大闸。

那时清江浦由于连年涝害，加之战乱频仍，一派荒芜萧条、人烟稀少的光景。文徵明站立清江大闸举目远眺，满目凄凉，家国之忧、羁旅之愁一起涌上心头。正如当时民谣所说"嘉靖嘉靖，家家户户，干干净净"。文徵明不由一声长叹，隐没于清江闸下滚滚流逝的运河水里。就在此时，一声连一声轻微的泣哭从河面隐隐传来。文徵明寻声找去，走了不远，在清江大闸与花街交接处的船只停泊处，见到有个老太太带着一个少女，哭得非常伤心。文徵明上前询问怎么回事，老太太擦着眼泪说，家中欠了花街花店老板张进的账，张进见自己的孙女漂亮，便想谋她为妾。想那张进本已妻妾成群，加之平日吃喝嫖赌、豪奢淫逸，孙女跟了这种人怎么会有好结局。今夜准备带着孙女连夜出走他乡，好躲过这一劫，却在慌乱出逃中丢了盘缠，

文徵明画像

文徵明诗作

误了船行，不知如何是好。

文徵明听罢，即刻让二人随自己先回旅馆，过了这一宿，明日再行谋算。到了旅馆，文徵明安排二人在自己房中安歇，独自一人在清江大闸畔缓步慢行，不觉走出很远，来到一处俨然村落般的地方。见此处有几株忍冬树，足有两丈多高，几十围那么粗，不禁想起家乡村口的那颗忍冬树，一时间诗兴勃发，急急赶回旅馆，书写下一首诗，名曰《夜泊清江浦》：

"清江闸畔水纵横，回首南来十二程。书寄故乡何日到，寒兼羁思一时生。月明村店人烟少，风递严城鼓角明。物色搅愁诗更苦，怪来春梦不能成。"

这首诗感情真挚、慷慨激昂，语言洗练、清新晓畅，且格调高迈，颇具汉魏风骨。同时，诗作卒章显志、不抒闲愁、关心民瘼，表现出诗人的刚介情怀。

老太太见文徵明诗书如此才绝，对他顿生好感，竟有意将孙女嫁与他。但文徵明深知此次入京前途未卜，不愿牵累一位美丽的少女，便好意推辞，赠送二人盘缠，并将这首《夜泊清江浦》一并送于少女，以解不能娶为妻妾的歉意。

写下这首诗入京后的文徵明不愿做一个文学侍从，又亲历了嘉靖三年（1524）的"大礼之争"，廷杖大臣至死的惨状令他深感仕途险恶，于是三次上疏乞归。返乡当日写下《还家志喜》七律，其中云："林壑岂无投老地，烟霞常护读书台。石湖东畔横塘路，多少山花待我开。"从此，文徵明潜心书画，至老不倦，终成一代诗书画大家。

传说，那位少女自从得了文徵明的诗书，一直对其念念不忘，后也算命运厚爱，嫁了个老实的运河排工，得以安稳度日。那副诗书一直珍藏于少女的箱底，岁月艰辛中时不时取出抚摩，一颗心便如多年前清江大闸畔的运河水，在一往情深的生活中渐渐归于平缓与宁静。

里运河畔好风光

美丽的夜色

闸口桂树

◎张殿云 / 文

当年清江浦盛世繁华。街上铺连铺，巷里户连户；运河水岸飞檐翘角，亭阁园林，花香鸟语；清江大闸下清波摇曳，橹摇水响，舳舻千里；闸上人流如潮，车马来往不断。多少能工巧匠汇集于此，其间一班最是闻名遐迩。

一班天庭饱满，面如冠玉，剑眉斜斜飞入鬓角落下的几缕乌发中，一双钟天地之灵的秀眼清澈而深不见底。他是鲁班传人，但青出于蓝而胜于蓝。一班不仅传承了鲁班的所有技能，并发扬光大之，还创造了一套新技能新工艺。凡他所造的亭台楼阁、殿堂庙宇、园林桥梁无不称绝。尽管无甚家业，然就凭这堂堂相貌和鲁班之传人的美誉，让清江浦女子朝思暮想、神魂颠倒。

河督府千金玉秀眉清目秀，又精通琴棋书画。无奈生于官宦之家，生来多宠，生性刁蛮，不服于任何人。正当花季，多少官宦富家子弟，诚拜德高望重之人前来提亲，玉秀皆一一拒绝。她相中一班，此生非他不嫁。

河督府要大兴土木，在后花园修建洋楼十数间。招标、投标等一应俱省。想那河督乃何许人也？治理河道的最高执政长官，听说他要建洋楼，想借梯当官发财的，想做他乘龙快婿的，甚至还有些想要浑水摸鱼的，皆闻风而来巴结讨好。然河督均不为所动，一心只顾念爱女。所有一切建造均由一班负责。并立有合约在先，建好将高薪奖励，否则人头不保。

一班防微杜渐，谨慎与河督过招。河督府造洋楼这档子事，他想是怎么也躲不过的，不妨爽快地接了这一单，但向河督要求两点：一是只收取建造工费，无需奖励；二是不娶其女，要河督死了这个心。

一班绝技在握，料想也不会出现任何纰漏的。这许多年来，一班承建的大小工程无数，岂有出现过纰漏的。

他领着工匠夜以继日，选料、加工、测绘、架构……土、木、石、工艺等都以满足河督最高要求而进行。两个月后，大小偏屋、曲廊、花园业已竣工，完美地展现在人们眼前，只有洋楼最高中梁未上，留待黄道吉日行上梁典礼。

这一日，河督府迎来最隆重的上梁典礼。按照清江浦风土人情，河督府一早便熏香祭祀，猪头公鸡、花生水果摆满一桌，河督率领家丁一众，面向东方日出之处三叩首，口中念念有词，一切尽在喜庆和美中进行着。

当时河督府上下里外张灯结彩，喜气洋洋，宾朋满座。河督正与他的手下文武官宦坐在观礼台品茶观礼时，一下人走来与其耳语：一切安排妥当，万无一失。河督嘴角浅露一丝不容察觉的笑。

谁知，人算不如天算，还没等河督的诡计上演，在最后一阵鼓乐声中，众人见一班忽然轻如鸟雀，越过清江大闸边上的那棵桂树，不知去了哪里。后来，有传闻一班原是天上神仙，怎可与凡人成亲。下凡来只是爱清江浦的美景美食，最后还是要回天宫做神仙去了。

壹

知县名垂丰济仓

◎朱士元 / 文

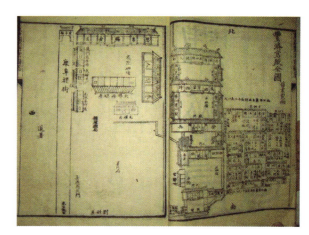

丰济仓（清朝）

丰济仓石碑

丰济仓遗址

丰济仓，位于清江浦区西大街草市口巷北百余米，有一座青砖旧瓦的明清式门楼。楼前立一石碑，上书"京杭大河·江苏段（丰济仓遗址）"字样。丰济仓，初名常盈仓，建于明永乐年间，距今已逾600年。丰济仓留下了很多经久不衰的传说，让人百听不厌。

乾隆元年，洪泽湖一带发大水，一连下了好多天雨，庄稼全被淹掉了，没有了一点收成。整个大地到处是哀嚎，到处是背井离乡的人。朝廷高官们面对前来跪求放粮的百姓，看都不看一眼。百姓们叫天天不应，叫地地不灵。

清河知县的夫人看着那么多人被饿死，流着泪对丈夫说：你看饿死了那么多的人，你就这样不管吗？知县说：我不是不想管，我没这个权利呀！没这个权利你就不能想想办法吗？我能有什么办法想啊？来回走在屋中的知县夫人，皱了皱眉头说：我来帮你想办法！知县抬起头看了看夫人，心存疑惑地问：你能有什么好办法？知县夫人在丈夫耳边如此这般地说了一番。知县把两眼睁得好圆好圆，心惊胆战地说：这个能行吗？夫人回答说：救百姓于水深火热之中，还有什么可怕的呢。知县听了连连点头。

坐在大堂上的知县，命手下道：我们要为老百姓做一件大事，都去船上放粮。听得此话，一个随从吓得面如土色，忙问：这个能行吗？那船上可是运往丰济仓的粮食啊。知县回答道：运往丰济仓有什么不行？大堂里一下子轰动

丰济仓石道中的砖

起来，都说听知县的，有罪我们一起担。

　　运送粮食的船只刚到清江浦靠岸休息时，天上突然起了一阵大雾，雾里面来来往往好多人影在走动。待大雾渐渐散去后，岸边、屋檐上、街道旁到处都有很多纸钱出现了，而船舱里的粮食却全都不见了。

　　领到粮食的老百姓在府衙门前跪了一大片，边哭边说：知县大人救了我们的命，我们永远不会忘记你。一个知县部下走过来说：如果有人来查丰济仓的粮食都去哪里了，你们就要到处讲阴兵借粮的事。众人都心领神会。

　　阴兵借粮的事一下子传到高官耳中，经调查发现是知县干的，知县和他的手下全被杀了头。知县夫人自缢身亡，随夫而去。

　　后来乾隆皇帝到清江浦微服私访，在民间听说了知县为百姓放粮的事大为惋惜。他对随行的众官员说：你们若能像清河知县这样为百姓办事，我这个皇帝也就高枕无忧啦。没过多久，乾隆皇帝下令拨银，派专人来修缮丰济仓，以保粮食安全。后来，他加强了国家的粮食管理，以保国泰民安。直到今天，曾经繁华的丰济仓仍一直留在人们的记忆中。众多游客来到丰济仓观光游玩时，都会情不自禁地回忆起那位为百姓放粮的好知县。

范生作诗

◎荣根妹 / 文

明嘉靖九年（1530），工部主事邵经济建崇景堂于清江浦，以祀先师，始称清江书院，便是清江文庙的前身。清江书院广开办学渠道，吸引了许多读书人前往书院学习。其中有个叫范辉的书生很是勤奋，常在书院夜读，希望考取功名。

一天深夜，月光照进纱窗，树影移动，幽花藉藉，触发了他的愁思，想着自己科场 5 年总不能如愿，一时间生发了不如回去的失意落寞感。这次乡试后，快到发榜时，他自感愁闷，晚上在花街酒馆喝得酩酊大醉，躺睡在书院

前厅。不知道是什么时候了，忽然他听到有人说：报喜的人来了！范生一听，便跌跌撞撞走出书院，大声说道：赏钱 10 贯！说话间，见一女子穿戴华丽，站在院中老槐树下，笑着说：范生是不是想考中秀才？范生连连点头。女子顾自走进屋里，对范生说：请作诗一首如何？范生挥笔写了一句：乾坤悲晚岁，山水忆前身。女子点头微笑，拿过范生手中的笔，即刻间写下一首气度非凡的诗文：高台纵目思悠悠，排泣当年胜迹留。树绕淮阴堤外路，风连清口驿前舟。晴烟暖簇人家集，每挽均输上国筹。最是襟喉南北

清江文庙大成殿

处，关梁日夜驶洪流。

写完女子轻挥衣袖，但见眼前笔墨纸砚全镀上一层银色的月光，仿佛在清江浦的运河水里洗过一般。女子莞尔笑道：小女子前生颇爱读书，奈何女儿身，见先生读书勤奋，深为感动，愿先生得偿所愿。

说来奇怪，自从那夜后，张生的诗情若源源不竭的运河水般永不停歇，诗歌写得越来越好。不久以后，被书院奉为"诗仙"，吸引了许多喜欢诗歌的后世学生。清江书院从此声明远播，渐成诗学教育典范。

于是，清康熙三十七年（1698），河道总督于成龙奏请改清江书院为文庙，当时清江浦隶属于山阳县，山阳县遂设训导员驻此，又称"山阳县学"。

大成殿前的孔子像

景点推荐

总建筑面积3680平方米,高62米,共9层,分地宫、塔基、塔身、塔顶四大部分,为阁楼式样,建筑结构采用框架核心筒结构和框架结构。

主题特色

动人的皇恩与心灵的契合

位置定位

里运河文化长廊景区,与里运河游船码头一路之隔。

国师塔:黄袍换得紫袈裟,只为当年一念差;我本西方一衲子,为何生在帝王家?

顺治感恩国师塔

◎朱士元 / 文

清康熙十四年(1675)秋,由顺治皇帝敕封为"大觉普济能仁琇国师"的玉琳法师,担簦行脚止于山阳清江浦之"慈云庵"挂单,八月十日说偈趺坐而逝。遂由山阳县奏闻朝廷,康熙颁诏厚葬,派大臣主持茶毗,重修"慈云庵"并建"法王塔"。康熙二十三年(1684),由保和殿大学士、礼部尚书王熙撰"能仁国师塔铭"志记。那么,顺治皇帝为何要敕封玉琳法师为国师?

国师,也就是皇帝的老师。皇帝在拜老师前,要下诏书昭告天下,说这人有道德、有学问、有修养,我立他为老师,普天之下所有人都要以他为老师。要知道,给皇帝当老师的人,只能叫做皇帝的家教,还不能叫做国师。国师不仅是皇帝的老师,还是天下民众的老师。能够当帝王和民众的老师,没有道德是不可能办到的。玉琳国师是明末清初人,他是顺治皇帝的老师,所以被封为国师。

玉琳国师是怎么当上顺治的国师的呢?这里有个传说。公元1658年,即清顺治十五年,顺治南巡微服私访,

船行至江心,突然狂风大作,白浪滔天,小船失去了控制,有被颠覆之险。顺治皇帝急下圣旨:谁能救他,将把江山与其平分。

就在这时,四方云游的玉琳参拜完扬州高旻寺也搭乘此船下江南。他一心称颂着"南无大慈大悲救苦救难广大灵感观世音菩萨"的圣号,稳坐在船头。在这危急时刻,他打开师兄玉岚送给他的锦囊,上面密密写着两行小字:"当朝天子过江,四海龙王来朝,故有风浪之险,如用牌请天子写'免朝'两字,挂在船舱之外,自会风平浪静。"玉琳依计禀明皇上。

顺治听闻大喜,随即亲书"免朝"二字挂于舱外,顿时风平浪静,全船脱险。顺治当即要兑现平分江山的诺言,被玉琳推辞,遂提出拜玉琳为国师,将其召进宫中。

作为皇帝的老师,与皇帝的交谈必然会多起来。有一天,顺治皇帝特召迎玉琳国师入宫,请示佛法,顺治问道:楞严经中,有所谓七处征心,问心在那里?玉琳国师回答

道：觅心了不可得。悟道的人，还有喜怒哀乐否？什么叫做喜怒哀乐？山河大地从妄念生，妄念若息，山河大地还有也无？如人梦中醒，梦中之事，是有是无？如何用功？端拱无为。如何是大？光被四表，格于上下。本来面目如何参？如六祖所言：不思善，不思恶，如何是本来面目？与玉琳国师一席话，顺治皇帝深感相见恨晚。

未曾生我谁是我？生我之时我是谁？长大成人方是我，合眼蒙眬又是谁？不如不来又不去，来时欢喜去时悲。悲欢离合多劳虑，何日清闲谁得知？……顺治皇帝是一个佛法素养很高的皇帝，从他的这首赞僧诗中就可以知道他的思想非常契合佛法。

从顺治皇帝的另一首诗中可以看出他对玉琳国师的恭敬：黄金白玉非为贵，唯有袈裟披肩难；百年三万六千日，不及僧家半日闲……

传说中的玉琳国师的前世也是一位出家人，可是相貌丑到无法形容。他满身长癞疮，还是个驼背。尽管外表丑陋，但他的内心很清明，能写一手好字，所以在他出家的寺院里当书记。书记是过去寺院中的一个职位，单管记录、写算一类的工作。他能成为国师，是与他的刻苦和努力分不开的。后来，玉琳国师的圆寂之地在慈云寺，有了后来的国师塔，也就让我们知道顺治皇帝对玉琳国师的那段感恩之情。

壹

国师塔

景点推荐

清乾隆年间建，嘉庆十八年（1813）重建。至民国二十三年（1934），马星孚、戴拱北二人在此庙内创建"国医学社"，招收学徒传授祖国医学。同年，夏秋间疫病流行，由中医中药界在此庙内设"施医施药处"为贫苦百性免费看病给药，直至日寇侵华为止。解放后1950年，淮阴大舞台设在庙内，演出地方戏曲。

主题特色

曾经的商业繁荣、生活烟火的历史细节、庙会的传承

位置定位

博古社区都天庙街43号

都天庙：光阴在这里罗织了绵密的针脚，晚灯次第亮起时，一时恍惚，一脚百年，好像一脚踏进了清江浦不醉不归的繁盛，另一只脚呢，还遗失在寂寞清幽的里运河畔……

吉莲和尚与都天庙

◎郭应昭 / 文

都天庙原为佛教杯渡禅林的下院，是纪念都天大帝张巡的寺庙。清江浦都天庙历史上既因众多香客祈安求顺香火旺盛，又因年年举办庙会非常热闹，曾与当年上海的城隍庙、南京的夫子庙同负盛名，引来不少外地信众。

都天庙原有前、中、后殿，规模宏大，门前是一广场，门口有一对威猛可爱的石狮，广场南有一口六角井，是附近居民汲水的地方。

都天庙建于乾隆年间。当地老人清楚记得最后一任和尚是陈风林。陈风林于 2007 年去世，享年 81 岁。

陈风林自小身体孱弱，其父与涤弘大师交往颇深。在缺医少药的年代，其父为了让陈风林健康活下去，把他送到杯渡禅林出家，跟涤弘大师念经诵佛，法号吉莲。后来担任都天庙第 25 代主事，同时还打理清晏园内的关帝庙等处庙宇。新中国成立，人民政府号召僧侣移风易俗，当了 16 年和尚的陈风林响应政府号召还俗，与师玉荣登记结婚。当年他们的结婚证还是由清江市首任市长沈樵风亲手填发。还俗后，沈市长很关心陈风林的工作安排，原本欲安排陈风林做商业工作，陈风林却选择参加搬运工会拖板车工作养家糊口。据陈风林后人讲，沈市长经常看望陈风林，他们成为好朋友。

都天庙曾历战火，几易其用。但陈风林及后人佛心依然。据都天庙旁的住户颜某说，1948 年，都天庙曾遭过国民党飞机的袭炸，有两颗炸弹钻进屋面却未起爆，若干年后才小心翼翼地取下来销毁，当地人说这是都天大帝在显灵保佑。

清江浦庙会年年红

壹

都天庙里豆腐香

◎乔悦淮 / 文

清
江
浦
故
事

清江浦有一条小巷，长约千米，宽不到 3 米，虽不长，在清江浦的历史文化传承中却占据重要位置。小巷就是现在的都天庙街。

许多年前，一位老人"香干……臭干……五香蚕豆哪吃的……"叫唤声似小巷弹奏起的一首古老歌谣。这里的居民，最喜欢吃老人的香干臭干。

老人姓李，老伴去逝早，留下一个女儿，靠做豆腐营业为生。豆腐一到夏季，卖剩下的豆腐第二天就会发黏、有异味。面对变质的豆腐，他发愁了。

老人家紧挨着都天庙。相传此庙始建于明朝，清乾隆、嘉庆年间曾大修，起初规模宏大，当时建有牌楼、山门殿、中殿和后殿，因世事变迁，后来仅存中殿一座。

民国二十三年（1934），有马星孚、戴拱北二，在都天庙内创设"国医学社"，招收学徒传授祖国医学。因同年夏秋间疫病流行，设"施医施药处"，为贫苦百姓免费看病抓药，直至日寇侵华为止。解放后多年，都天庙维修整治，昔日的冷清又焕发了生机。

也许因为都天庙特有历史文化意义，改变了风水，让祈福的人都有好的愿望。一天，老人进庙烧香叩拜，祈求他的豆腐不再浪费，让父女俩过上好日子。

回到家，老人苦思冥想：豆腐如何能在夏季久存呢？

他几天寝食不安，每天琢磨眼前的豆腐。有一天，有意无意间将当天没卖完的豆腐倒进酱油，有异味的豆腐放进盐，并根据豆腐研制调料，将一红一白的豆腐放在通风处晾干。第二天，豆腐果然另一番味道。但不是口味偏咸了，就是型状不美，他又重新研制，一次比一次口味好。老人找来干净纱布铺上，用杆面杖在上面挤压形成饼块状，再用刀切成有规律的块面……经过数日反复实践，老人终于将豆腐制成独具特色的香干臭干。打这以后，一年四季，小巷里都会传来"香干……臭干……"的叫卖声。

时光荏苒，一天，小巷里传来的"香干……臭干……"竟然是女声，再也听不到老人的叫唤声……原来老人已去逝，女儿传承父亲的手艺，穿越在小巷。她的声音由远而近、由近而远，从她的身后飘来的是"香干臭干"的香味。

据说，都天庙街之所以能留存于今天，是因有着历史文化的渊源。公元 709~757 年间，一位进士路过这里，他叫张巡，唐代邓州南阳（今河南）人，做过太子通事舍人、清河县令。在平安史之乱时，起兵守雍丘（今河南杞县），虽安禄山军队有数万人，围攻不能拿下，只有弃雍丘守宁陵（今属河南），与睢阳太守许远军队会合，从而将安禄山军队打败，为此被玄宗任为河南节度副史。

至德二年（757），因移守睢阳（今河南商丘），遣

部的南霁云向淮守的贺兰求援，但没能如愿，只有靠自己
为数不的人马与敌兵战斗。经过 400 余次的会战，消灭
了 12 万敌兵，缴获了不少器械、甲仗，从而遏阻叛军南
下的道路。10 个月的奋战，终因寡不敌众，战死在睢阳。

张巡殉国时身首支离，芮城、邓州和睢阳三地的人们
用建庙来招魂而葬，并追封他为"通真三太子"。当时，
在陕西省周至县，由终南镇所辖的甘沟、解村、三湾等

13 个村堡联合为他举办"老王会"，由此他的名气渐渐
地大起。庙会祭祀，称张巡和许远为孝王，尤其是福建莆
田那里，将张巡尊奉为司马圣王，是保境安民的神。都天
庙街也因此得名……

小巷深深，只有"香干臭干"的传说一直留存于历史
传说中。

"麒麟童"飞出东大街
"幸福池"戏说私奔曲

◎ 安俊 / 文

螺蛳壳,蛤蟆鼓,

吹唢呐,打屁股,

要你文就文,要你武就武。

——清江浦童谣

千里通波大运河,百舸争流清江浦。水系纵横,岁月连绵,孕育出清江浦"襟喉南北处""行人日夜驰"的繁盛。清江浦人傍河而居,依河而兴,因河而名,为河而歌。河之景在岸,岸之景则在曲巷环回,东西大街,四通发达,名人辈出。厅门口巷走出个同盟会会员王叔相,曾做过孙中山的巡行督办,后回乡创办保婴堂药厂、王氏织布厂,支持新四军抗日,与周恩来、李一氓等人交往颇深。进彩巷出了个剧作家陈白尘,火星庙街走出了"通天教主"王瑶卿,毗庐庵旁的三角棚里则飞出了京剧麒派艺术创始人周信芳,艺名麒麟童。

1895年1月14日,周信芳出生于清江浦,因家道贫困,靠清江浦东大街毗庐庵的庵堂山墙搭了个三角棚为屋。他自幼随父亲周慰堂(演青衣,艺名金琴仙)出入戏园子,耳濡目染。5岁那年,母亲教了他一段《文昭关》,不料他很快学会。从此,幼年周信芳每天早晨都穿着硬靠、厚底靴练功,要跑百圈"圆场",三年练下来,才能在台上跑三个大"圆场"。要知道,在梨园界,先武后文,为一定不移之规律,旧时科班皆如此,解放后戏校也然,凡成名演员,无不经历几度寒暑苦练武功的过程。也唯有如此这般勤学苦练,夏练三伏冬练三九,才让观众看到日后的他演《追信》时,浑身无一点摇晃,仅见两腿疾走如风。只要台上一戳一站,略涉曲背躬腰,舞台艺术的美感辄遭破坏。不论穿蟒的卿相王侯,穿靠的大将元帅,还是穿青褶子的穷儒寒士,也要背直腰挺,即便挂白满的七老八十

46

者，也要防止驼背存腿，方显得有精神。周信芳7岁随父登台唱戏，被人誉为神童。

12岁时，周信芳取艺名七龄童，到苏州、镇江等地演戏。后来因海报上的书写失误，把七龄童写成了"麒麟童"，被人误叫成麒麟童，从此他干脆就叫麒麟童。1908年，他前往北京加入了喜连成科班，拜"伶界大王"谭鑫培为师，有计划有步骤地读《史记》《汉书》《三国志》《宋史》《明史》《资治通鉴》等，这也成就了他后期饰演的剧中人物，既形似又神似。周信芳还与京剧名伶梅兰芳成了同学。两人一起合作演出，场下观众一天比一天多，全是慕名而来。时间久了，当地都开始传："生儿当如周信芳，娶媳当如梅兰芳。"声名鹊起时，罗曼史随之而来。

听，清江浦老澡堂东大街的"幸福池"里的曲艺台开讲了：

话说那是1923年的一天，妙龄18的裘丽琳坐在上海丹桂第一台的戏台下，目不转睛地看着台上"麒麟童"周信芳演戏，其一举一动、一腔一调，都让裘陶醉不已，难以自拔。直到当晚回家，她一闭上眼，想到的还是周的京剧扮相。于是她天天早起去捧周信芳的场，甚至还打听到周的一些"内幕"。原来，因父母包办婚姻，周的发妻比他大4岁，二人感情不和，长期分居。因此，裘丽琳主动"出击"，特意策划一个张园慈善义卖会，邀请全上海京剧名角，得以正式结识周信芳。列位看官，周在当时是家喻户晓的京剧名角，裘则是裘天宝银楼老板家的富家千金，若是传出两人恋爱的新闻，那想必会引起轩然大波。刚开始，周思想斗争十分激烈，他知道自己在世人眼里是个戏子，倘若与裘小姐交往，定会招来非议攻讦。不过，在她接二连三的情书攻略下，周也生了情愫，两人开始了

地下恋情。毕竟，要是被沪上小报记者晓得了，便会炒成轰动十里洋场的桃色新闻。

　　然而，纸包不住火，没有不透风的墙。裘家从报上得知后，一方面威胁麒麟童如若再纠葛，就请滚出上海滩，还要"借一条腿来用用"；另一面，筹备将女公子嫁给门当户对的天津一家纺织厂主事的经理，并择吉日完婚。危急时刻，大伙儿猜猜裘千金会怎么办呢？原来，她找来远房表妹朱灵芝当传书红娘，与麒麟童约好直奔北火车站，私奔去苏州。周安顿好裘小姐后，立马赶回上海，继续演出《汉刘邦统一灭秦楚》。这边可好，裘家那边可是闹翻天了，从检票员那里得知去了苏州，可是在大小旅馆翻个底朝天都没结果，周信芳却一连几天演出照旧。正急得抓耳挠腮之际，裘小姐的信到了，表示若不同意与周结合，就登报宣布与家里脱离关系。这时，裘家有人主张干掉姓周这小子，还有人建议告周信芳拐骗良家妇女。但是裘夫人爱女心切，只好勉强同意女儿的要求，但结婚条件有三"不准请客、不准通知亲友、不准登报"，这些对这对热恋中的情侣根本算不上什么，于是二人去旅行结婚了。"啪——"惊堂木已经拍下，好一出"'麒麟童'飞出东大街，'幸福池'戏说私奔曲"。

娃娃井：井娃恩情重，至今犹相忆。

景点推荐

砖砌结构，上小下大，井深 10 米，四季有水。始建于唐代，距今已有 1000 多年历史。

主题特色

恩情美好

位置定位

御码头运河文化美食中心

娃娃井水消病灾

◎朱士元 / 文

古时候，有一家三口人父亲、母亲和一个孩子，孩子叫井娃，一家人靠捕鱼为生。有一年流行一种病，许多人肚子慢慢大起来，随后就面黄肌瘦，吃什么药都好不了，很快就死去了。

井娃的父母也得了病，老俩口躺在家不能动。井娃到运河打鱼供养父母。这天，他打到一条从未见过的大鲤鱼，这鲤鱼在流泪，井娃觉得可怜，就把鲤鱼放到河里。

鲤鱼忽然变成一个漂亮的姑娘，对他说："你想父母的病好吗？你想村里人的病都好吗？"井娃瞪着眼说："想呀！"姑娘说："我告诉你，村西有个洞，洞里有一条千年老蛇。它天天吐着毒气，人们闻到这毒气，就会得水鼓病，只要喝了蛇血，病就会好。"

井娃把鱼姑娘的话告诉家人，便拿起鱼叉，来到了村西头。到了村口，果然看见了一个洞，洞口有孩子的腰那么粗。他探头一望，望见洞里的蛇。蛇头好大，两只眼像铜铃。井娃看了这害人的歹物，手拿鱼叉，奋不顾身跳进洞里，和毒蛇搏斗起来。斗了三天三夜，蛇被井娃叉死了。井娃浑身是伤，流尽了最后一滴血。井娃的血和蛇血混在一起，蛇洞变成了一口深不见底的水井。后来，村里人喝了井里的水，很快治好了病。人们为了感谢井娃舍身为民解除病灾，就把这口井称做娃娃井。

娃娃井

金 娃 报 恩

◎金淮莲 / 文

唐朝时候，清江浦的石板街住着一对无儿无女的老夫妇，夫妇俩卖绢花维持生活。因为吃水、用水很不方便，金爷爷在家门前打了一口水井。这年夏天，清江浦闹旱灾，里运河的水几乎干涸。善良的金爷爷和陈奶奶就让街坊邻居到他们家的井里打水，以解燃眉之急。

有一天，一个卖鱼的人挑着担子，在街上叫卖："青鱼、鲤鱼，哪个买？"金爷爷走出来，看担子里有好几条青鱼已经死了，但有一条红鲤鱼嘴巴一张一翕，眼神仿佛在祈求着什么……金爷爷怜悯之情顿然而生，立刻将它买了下来，打了桶井水倒入木盆里，将红鲤鱼扶正，轻轻地放进水中。鱼儿慢慢地苏醒过来，尾巴开始轻轻摇摆。过了一夜后，鲤鱼竟然在木盆里游得非常快。金爷爷、陈奶奶决定把鲤鱼放到水井里养着。陈奶奶摸着红鲤鱼说："乖鱼儿，今年大旱，河里的水快要见底了，你就住在这儿吧，这井儿就是你的家。"只见鱼儿在井口连翻两个筋头后，迅速跳入井中。刹那间，井里溅起高高的水花。

第二天，陈奶奶起床烧饭，打开锅盖一看，只见锅里已经烧好了热腾腾的豆浆稀饭，另一只锅里还有一笼馒头。陈奶奶赶紧跑到房间摇醒了躺在床上的老伴："老头子，你啥时候起来的呀？把早饭都烧好了？"金爷爷一头雾水："我一直睡呢。""嗯？那是谁给我们做的呢？"

过了一天，陈奶奶又去做早饭，打开锅盖一看，香喷喷的辣汤扑面而来，打开另一只锅盖，里面又有一笼蒸饺。你说奇怪不奇怪？！

第三天早晨，陈奶奶再去做饭，打开锅盖一看：一锅汤圆漂在锅里面。连续三天都有人给他们做饭，金爷爷、陈奶奶再也坐不住了。"我们不能白吃人家的饭呀。"

为了探个究竟解开这个谜底，爷爷假装走亲戚，临走前大声告诉陈奶奶："老伴，咱去表弟家出礼，过几天回来，你要照顾好自己呀。""好的，好的！老头子，你也要注意身体哦。"陈奶奶连声答应。夜里，陈奶奶假装睡觉，凌晨三四点钟，只见井里闪出一道亮光，跳出一个金娃娃，蹑手蹑脚地打开屋门，走进厨房，刚准备做饭，突然被躲在门后的金爷爷一把抱住，此时，陈奶奶也迅速冲进厨房，把门关起来。

金爷爷忙问："娃娃，你为何每天给我们做早饭？"红鲤鱼回答："我是想报答爷爷、奶奶的救命之恩。"从此，金娃每天都按时给他们做早饭。金爷爷和陈奶奶乐的合不拢嘴，把鲤鱼当做自己的亲孙儿看待。因爷爷姓金，就给它取名为"金娃"，金爷爷家的这口井被人们称为"娃娃井"。

50

运河日出

千秋长存"公孙侯"

◎荣根妹 / 文

　　清朝统治者入主中原后，经过顺治、康熙、雍正三朝的统治，到了乾隆时，已是政权稳固、社会稳定、经济繁荣、民泰国安，号称"乾隆盛世"。乾隆在位61年之久，长治久安后便开始六下江南，既是体察民情，也是乾隆喜吃江浙菜，因而造就许多名菜。

　　话说乾隆第三次南巡时来到清江浦，迫不及待在御码头舍舟登陆，只见大闸口一带酒家林立、商旅繁华，不禁龙心大悦，不由信步走到了河对面一处幽静的院落，见院中一棵银杏树叶深广袤，结满了沉甸甸的白果。树下一老妇守一食摊在卖银杏汤。此时，乾隆走了很长时间的路正觉口渴，便让人去装一碗来喝。老妇装了一大碗汤递给乾隆，乾隆一口气喝完汤，只觉此汤清苦中甘甜回味、黏稠又爽口，鲜美又沁人心脾，不觉又连喝两碗。

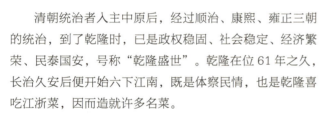

　　那日晚间，乾隆下榻清晏园内的府衙休息，忽闻急奏：太后身体不适，心悸难忍。乾隆可是个真正的大孝子，凡母命有言必遵。历史记载，有一次太后偶然提及顺天府东有废寺当重修，乾隆立即遣员拨款修盖，并告诫宫监，今后有事应事先看出，不应让太后劳神指派。太后身体有恙，乾隆如何睡得着觉。于是连夜招来淮上名医，为太后远程疗病。

　　当时一位叫黄树的中医认为：心悸，该是体内热毒残留所致，并上奏乾隆：御码头畔一院内有棵百年银杏树，用其果仁熬制汤药，应能缓太后之疾。乾隆一听，便想起白日树下卖银杏汤的老人，只觉冥冥中一切都是天意。立即派人找到那位老人，与黄树一起研制汤药，制好汤药十万火急北上送到太后病榻前。

　　不几日，宫中便有人来报太后疾患去，人已大好。乾隆龙颜大悦，兴致勃勃来到银杏树前，为树赐名曰："公孙侯"。意旨祝福太后千秋长存、长寿安康。后来，人们都认为食用此树果实可以延年益寿。

光耀清江浦

花街: 花街如花般存在,鲜艳过,而后凋谢、沉寂,终又"花非花雾非雾"地留存在历史的记忆中, 散发着淡淡的清香, 笼着小街上那些花开花落间的人和事。

《花街九故事》 徐则臣 / 著

花街的传说

◎沙立卫 / 文

清江浦素有"九省通衢""南船北马"的称号,是明清时期著名的水运文化、经济贸易古城。位于轮埠路的"花街"则是明清繁荣的一个缩影。据史料记载,清江浦明清河运鼎盛,漕舟千里,南来北往的达官商贾自大闸口舍舟登陆,进入花街,歇息游玩,观花揽胜,不亦乐乎!关于花街还有一段鲜为人知的传说。

明万历年间,苏州阊门一花匠,姓花,名如海,携妻率子北迁,地点未定。花如海曾对族人说,遇良地而居,于是沿运河一路向北,船途中帆影点点,水波潋潋。一日,行至清江浦大闸口,见漕船逶迤,连绵数里,气象壮阔,岸边古院幽深,鳞次栉比,各式店铺林立,吆喝叫卖声此起彼伏,十分热闹。心想,这个地方非同寻常,正是我想要的良地,便决定在此落脚。

花如海是花匠,擅长养花,于是在街中心租下院落,专门培植名贵花草,什么月季花、菊花、牡丹花、兰花、琼花、水仙花等等。花如海养花自有一套方法,经他手培植的花,娇色艳丽,芳香四溢,赢得了很高的声誉。经过数代后,更是花大业大。

到了第七代,花似锦手上更是气象非凡,尤其他的女儿花姑,在养花的基础上变化革新,一方面大力发展名花产业,一方面致力于手工花产业的开发。她用苏州府的香绢做花,因为用绢做成,所以叫绢花。绢花形态各异、栩栩如生,绝类真花,一时名声远播。乾隆帝下江南途径此处,见其花色繁多,美艳绝伦,香飘长街,又见绢花巧夺天工,龙心大悦,遂令人将绢花送进宫里作为御用贡品,供宫女佩饰之用。宫女们十分喜爱,后绢花又被叫做"宫花"，并将此街赐名为"花街"。又拨付银两，建造花坊、庭院，赐匾额"花甲天下"。花街从此兴盛，许多官员、客商、书生游子慕名而来，曾出现"白天人如潮，晚间灯映河"的隆盛景象。

倘若君有闲暇，可到花街品茶歇闲，采一朵宫廷绢花，听一曲俚间小曲，扮一回皇帝微服，做一个富贾天下，入

万和茶楼，长壶倾杯，品茗论道；进花艺作坊，绢丝轻舞，飞针引线。

花街

绢花与孝仪纯皇后

◎沙立卫 / 文

清江浦故事

大桥两边刈路头，花灯绢花摆前头。
源源客船运河来，都在这里靠码头。

孝仪纯皇后是乾隆帝的妃嫔，嘉庆帝的母亲，内管领魏清泰的女儿。皇后容颜秀美，心地善良。

传说花街的绢花传到宫中后，很受宫中人喜爱，加之皇后从乾隆帝口中听说花街的盛景繁华，便想到花街看看，见见花街的"绢花仙子"花姑。

乾隆三十年，机会终于来了。乾隆帝南巡，孝仪纯皇后随王伴驾。于是驾龙舟，沿运河南下，十里舟帆。途经清江大闸口，乾隆帝对皇后说：到清河县，一定要看花街，否则等于没来清河县。

河道总督和地方一班官员们早就在御码头候驾，龙舟官船停下，赶忙叩头接驾。一行人庄严威仪，上得岸来，走入花街。花街两边，楼宇鳞次、红墙碧瓦、店铺林立、招牌晃亮，有说书唱戏的、打把式卖艺的，有喝茶歇闲的、补锅的、吹糖人的、买麦芽糖的等等，好一派盛世景象。乾隆帝大悦。伴驾官员一路引导，前往"花甲第一府"行歇。花姑早已接到县令公函，把花房布置得灿烂无比，全

是上好的官窑花盆，盆中名花争艳、奇松遒劲、怪石林立，更有百名绢花姑娘在花坊内迎接。绢花姑娘全是未出阁的妙龄女子，身着绢服，佩戴绢花，宛若百花仙子临凡。

皇后见后欢喜非常，令百名绢花姑娘各献技艺。一时花坊内绢丝飞舞、花萼重叠，有"锦云献寿花""芙蓉出水花""天女散花""同心连理花"……最引人注目的是花姑做的"佛莲慈妙"和"紫霞祥瑞"。皇后深谙佛法，有大慈悲之心，见到花姑的绢花作品，知"绢花仙子"果然不虚。乃赐宫绢千匹、白银千两，又得乾隆帝恩准，带上花姑南巡。后被诏进宫中，专门陪侍孝仪纯皇后，并把绢花技艺传授于妃嫔宫女。一直到孝仪纯皇后去世。据传，孝仪纯皇后死前曾嘱咐，要把花姑的"佛莲慈妙"和"紫霞祥瑞"绢花作品作为葬品陪葬，可见孝仪纯皇后是何等喜欢绢花。

花姑在孝仪纯皇后逝后回到花街。皇后去世第三年，花姑逝去，尸身不腐，满花街香气不绝。安葬时祥云漫天，皆呈花状，有人说花姑去陪侍孝仪纯皇后了，也有人说，花姑是百花仙子上天管理百花去了。

景点推荐

清江浦开埠以来，为皇宫做绢花得名，商业繁茂，百业兴旺，明清时最为鼎盛。花街原来长4里，街道两侧全为店面，街道很窄，店面基本为一些老行当，如杆称店、小吃店、布匹店、绢花店、中医店等。

主题特色

历史深处的花般记忆

位置定位

承德路东轮埠路西，花街社区

绢花

绢花

运河御码头：乘流而来帆满墙，闻香停船御码头。

齐生跪拜御码头

◎荣根妹／文

传说清朝末年，清江浦瘟疫病大流行，每户都有瘟疫病人。现在的御码头美食街附近有一户齐姓人家，家风良好，母慈子孝。齐生见父母生病疼痛的样子，心中非常不忍，就带上祭品前往慈云寺祷告父母早日摆脱病痛折磨。

祷告完回家的路上，齐生还在伤心流泪。这时前方来了一个衣冠整洁的人问齐生：为何如此悲伤。齐生便将情况全都告诉他。那人说：这是清江浦的一大劫难，光祷告没有用。我有一个小方法，可以一试。齐生听了很高兴，便打听他的姓名。那人说：我不求报答，你不必问我姓名。齐生又请那人到自己家里去指点。那人说：你只管回去，拿了黄纸、烛台在你家附近的里运河码头大声高喊：求上

御码头畔清宴舫

58

天保佑全家，吾皇万岁。然后将写了康熙、乾隆二帝名姓的黄纸烧成灰，撒向运河里，你父母的病一定会好。齐生担心不灵验，一定要请他前去。那人只得坦言相告：实话告诉你吧，我不是人。我曾是雍正朝的一名清江浦官员，因在任时清正廉洁、造福百姓，死了上天便让我做了这里的河神。我被你的孝心感动，所以告诉你那块码头康熙、乾隆二帝6次下江南，都在那里舍舟登陆，视察水情、体察民情，故有了灵气。且目前朝廷正在惩治作祟害人者，只要你大声为民高喊，瘟疫中作奸犯科者必然害怕，上天也会感应到你的一片心意，瘟疫自然会停止危害百姓。

齐生惊叹着回家，遵照河神的指教去做，父母的病果

然痊愈了。于是，他又把这个方法传授给其他人家，也没有不灵验的。

瘟疫过去后，清江浦百姓便在现在里运河的码头专门修建了"运河御码头"，还树了一块御码头的石碑。

历史的风烟几多沧桑，掩不住御码头矗立的风姿。如今这里已成为明清时期"南船北马"重要交通枢纽地位的象征。御码头遗址2007年被列为"淮安市十大历史文化古迹"之一，并在附近修建了"南船北马舍舟登陆"的石碑。

壹

御码头

景点推荐

康熙、乾隆6次南巡，在此登陆，故称之为"御码头"。在这里，远来的漕船、满载的盐舟、商旅的大舸、两岸的画舫，把一幕幕扬帆盛景渲染到了极致。

主题特色
明清时期"南船北马"重要交通枢纽地位的象征

位置定位
里运河北岸清真寺门前

北门桥之恋

◎荣根妹 / 文

秋高气爽、叶黄果熟的一天，家住北门桥南岸石码头边的静秋在河边洗衣服。午后的阳光照在河面上，运河水像镀了层金。码头很静，静秋在这静谧中出了神，忘了手中的活计，呆呆凝视着水中的倒影，衣服顺水飘走了都不自知。

这时，一只木船荡开金色的水面，向衣服飘走的方向划去。撑船的是一个帅气的小伙子，眉眼开阔、五官硬朗，举手投足间似有一股子力气永远也使不完。

这边，静秋的内心并不平静：好几天没见到三哥了，以前每天在北门桥边都能看到三哥撑船打鱼，挥洒自如的姿势、健壮高大的身体，还有三哥洪亮的歌喉：

千斤呀，嗨哟
万斤呀，嗨哟
起锚哟，嗨哟
动身哟，嗨哟
开船哟，嗨哟
哟嗬嗬……哟嗬
一声号子我一身汗

一声号子我一身胆
抬起头呀朝前看
运河上面都是船
加把力呀莫偷懒
太阳就要落西山
加把力哟莫偷懒
管船娘子备好饭

一曲尚未终了，便听见三哥的声音：静秋，衣服。静秋一抬眼，见三哥手里拿着那件红绸衣服，淋淋漓漓像割不断的过往，给静秋的心蒙上细细惘惘的惆怅。三哥的船停在静秋身边，晃晃悠悠地随波荡着，满腹的话语也在两个人心中漾着。彼此都是知道的，但没人说出来。该怎么说出口呢，静秋的父母是不同意的。静秋是运河边最漂亮的姑娘，一等一的模样、一等一的身材，尤其是一双眼睛，如果望向你便会感受到春日般温暖。许是得了运河水的灵气，静秋的性子也水般温柔恬静，又水般玲珑剔透。周边的小伙子说起静秋，眼神中皆有一种向往挥之不去。父母想要静秋找个家境好、收入丰厚的人家，对静秋心中的三

62

北门桥

钵池晨韵

哥不认可，运河边一直流传这样一首歌谣：

有女不嫁嫁船郎
一年半年守空床
有朝一日回家转
还得燃灯补衣裳

一阵风过，空气中飘来桂花的香味，那是北门桥对岸的桂花树。去年秋日，静秋和三哥就是在那片桂花树下认识的。静秋每次想起三哥，思绪中总是弥漫着淡淡的花香和潮湿的忧愁，似乎那时候就已经知道，她与三哥终究无法相依相伴。面对一河流水，还是三哥轻轻开了口：静秋，过两日我随舅北上学做买卖了，光靠打鱼也不是长久的活计。静秋没有说话，只有水声潺潺不停歇从北门桥下向东流去。

巨大的沉默在两个人之间沉淀，那些个千言万语将永远被深埋，语言终究是无力的。此刻，他与她在北门桥下不倦流逝的运河水中心心相印。也许，这一刻与这一生，并无太大区别。

太阳缓缓向西移动，空气中有炊烟的气味。静秋起身，沿着码头一级一级向上走，一直走到桥上。三哥仍在河的波光中抬头望着静秋。静秋走向家的方向，也走向她命中注定的人生，只有歌声落在身后的桥上：

早上起来露水多
抓把柴火来烧锅

茶叶鸡蛋煮三颗
带到岸上给情哥

早上起来露水多
运河岸上送情哥
哥行千里要记住
妹在岸上等着哥

壹

硝烟弥漫北门桥

◎荣根妹 / 文

清江浦故事

景点推荐

北门桥采用"闸桥共建"方式，跨一河碧水，解决了里运河水位控制和交通问题。桥面为双向四车道。桥四周建有4座古朴典雅的桥亭，桥下方为里运河南北沿岸新建的"观景走廊"。

主题特色

打开一座城的历史记忆，承载一城百姓的岁月留痕。

位置定位

里运河西端与人民路交汇处

抗日战争爆发后，南京、镇江相继沦陷，江苏省政府迁到淮阴十里西长街。每天不断有省、专、县要员的车、人力包车从北门大桥通过，北门大桥和大桥口一带又日趋繁荣起来。

1939年3月，日本侵略军从清江浦南门入侵，国民党韩德勤部没做多少抵抗就撤出城向东远去。为延缓日军追击，将北门大桥浇上汽油点火烧毁，同时还将清江大闸和越闸的闸墙与桥面炸毁。

北门桥

日本侵略者占领淮阴后，每个城门都派兵防守。北城门口有两个日本士兵和两个伪警察站岗，验"良民证"盘查往来行人。北门大桥附近也常停些货船，船上架着机枪，那是日伪的船队，舱里装载的多半是从淮阴一带掠夺来的粮食和财物。

在淮阴沦陷的 6 年多时间里，北门大桥是日本法西斯屠杀我国抗日人民的场所之一。夜晚，桥面铁板上常会发出铁镣的磨擦声、马靴的咔咔声，还有"打倒日本帝国主义"的口号声和"扑通扑通"的落水声。日本法西斯把逮捕和俘虏的中国抗日军民，用铁丝穿了两肩，反绑两手，背上石头，深夜把他们从北门大桥上抛到水底。日本侵略者在这座大桥上杀害抗日志士不下四五百人。

1945 年 8 月，日本军队投降。伪二十八师被远在重庆的国民党政府电编为二十八军，师长潘干臣被提升为军长，有张大布告就贴在北门大桥口南边的墙上。一天早晨，新四军攻进了土圩内，伪军慌不迭地从北门大桥上逃入城内，并放火企图烧毁大桥。八路军在大桥口的超伯诊所、沈家铁匠铺、赵园茶馆几家楼上架上数十挺机枪，压住北门城楼上的火力，掩护战士上桥灭火。9 月 6 日下午 2 时，强攻淮阴城开始。主攻北门的战士们，在大桥口几家楼上强大火力掩护下，抬着几十架云梯迅速冲上大桥，还有部分战士下水泅渡。一时枪声、手榴弹声、呼号声盖住了上空，前面倒下来，后面抬起梯子冲上去。一个多小时后，东边一声震天响，东北城墙爆塌了。主攻北门的战士们潮水似地冲过大桥，泅过里运河，架上云梯，爬上去、掉下来、后面立即再爬上去。不一会儿，终于把红旗插上了北门城头。淮阴城解放了。

淮阴解放后，人民政府立即抢修了桥面。北门桥上每天走过成千上万欢庆解放的人群。背叛祖国的伪县长周公望和一贯与人民为敌的顽匪县长杜宗藩，就是经北门大桥押向铜元局广场公审然后枪决的。

第二章　名胜记事

清江浦楼：登楼却逢新涨满，开窗共纳北风凉。

"清江浦"一点　点出河清海晏

◎荣根妹 / 文

"清江浦"三个字，字字都是三点水偏旁，似乎冥冥之中早就注定清江浦和水有着三生三世的不解之缘，但左看右看之余，心中定有个大大的疑问，"浦"字的一点为何落在了下面。这里给您讲述一个乾隆下江南的故事。

据说，当年乾隆皇帝下江南经过清江浦时，久闻清江浦民间的戏曲和美食，于是命人在双舟之上架戏台，一边欣赏戏曲，一边品尝美食，走进清江浦。当龙舟过清江浦楼时，乾隆皇帝非常欣赏这座楼，感觉它兼具了我国南北方建筑的精华，可当看到这楼上的牌匾时，便望楼自言自语道：此楼甚好，只是字差。随从大臣当然知道皇帝是想要题字，连忙笔墨纸砚伺候。当时乾隆皇帝喝了许多酒，趁着酒兴，挥毫泼墨，洋洋洒洒写了"清江浦"三个字，临到最后一点时，酒兴冲上头，皇帝手一抖，一点竟落在了下面。

一国之君的皇帝怎可犯此错误。当时乾隆自己也愣住了，握笔的手怔怔地停在半空中。在场的所有人都愣住了，全场寂静无声，有人被吓出一身冷汗。这

该如何是好，龙颜发怒，那是要掉脑袋的。就在千钧一发之际，一个清江浦地方随从官员"噗通"一下跪地道：皇上，您这点，点得好啊！乾隆心中纳闷，这点错了怎么还能说好呢？乾隆故意板脸询问道，怎么个好法，你说说看。跪地官员连呼万岁道：皇上，清江浦屡犯水患，如今皇上您用龙威镇住了水患，水下来了，终于风平浪静了，臣感谢皇上为清江浦百姓带来安宁幸福的生活啊！说完，连连叩头，其他官员也一起跪地大呼：皇上万岁万万岁……皇帝听了之后非常高兴说，朕正有此意啊！随即命人将这三个字给裱起来挂在清江浦楼之上，直到现在。

故事里的事，您信也好，不信也罢，但"平安是福"是中华民族传统文化中最美好最诚意的祝福。尽管生活仍旧琐碎忙碌，尽管理想追求总是落空，但对每一个清江浦人而言，风平浪静、河清海晏的生活是我们定义幸福的基本衡量，也是清江浦一方百姓心中最厚沃的水土。

楼塔交辉

光影清江浦

景点推荐

位于清江浦景区中洲岛上，建于 2003 年，高 23 米，为明三暗五楼阁式仿古建筑，飞檐翘角，巍峨壮观，是登高远眺、观赏里运河风光的绝佳地点，也是清江浦地名的标志。清江浦楼内展陈有清江浦楼记、乾隆南巡错题"清江浦"的场景及"名人咏淮安"互动题诗墙。

主题特色

清江浦地名的标志，"运河之都"的实物见证

位置定位

里运河畔

乾隆心系清江浦

◎朱士元 / 文

乾隆第四次、第五次南巡时，来到清江浦亲自指挥治水工程。他多次到西门外的一块高地察看水情，并召集水利大臣开会，面授机宜。乾隆皇帝办完事走后，当地人就在此造了个亭子，命名为龙亭，以示纪念。这个龙亭后被大水淹没。对于这个亭子，留下了很多让后人传说的佳话。

当年，清江浦四周一片汪洋。就在乾隆皇帝到此查看水情那一天，从西南好远的地方漂来一只木桶，上面坐着两个二十一二岁的男子，长得十分英俊。木桶漂到御卫跟前，不让前行。两人说是有要事求见正在开会的皇上，恳求行个方便。御卫没有同意，哪敢放他们过去呢。你一言，我一语，相持之下便大吵大闹起来。正在这时，走来一位花仙般的女子。两名御卫立即行了个大礼，叫道："格格好！""什么事啊？"问话的便是随乾隆皇帝而来的格格。御卫答道："这两个人要见皇上，说有要事求见。""好吧，你们有事就跟我说吧。"格格听后说道。木桶上的那两个男子听说是格格，喜出望外，同声说道："格格好！""你们从哪里来，叫什么名字？""回格格，他叫天龙，我叫地龙，是向格格来求亲的。""笑话，求亲，怎么两个人一起来？""我们有约定，谁退了这清江浦四周的大水，谁就会得到格格。""什么，你们有这样的本事？""我们有！""那好，我去禀报父皇。"

约莫半顿饭工夫，皇上召呼天龙、地龙相见。天龙和地龙刚到皇上面前，便跪了下来，大呼："吾皇万岁，万万岁！"乾隆皇帝双眼扫视了一下，深知两人不同凡响，随口叫道："平身！"天龙、地龙立即起身，站立皇上的龙椅两边。"听说你们是来向格格求亲的，口气不小哇？"乾隆皇帝问道。"是的，我们是有特殊的见面礼的。"天龙、地龙答道。"就是你们所说的退水之礼吗？""是的，望

皇上开恩！""你们若真能退了水，为百姓造福，那倒是一件好事，可谁与格格成亲呢？""那由皇上定夺。""好，我倒要看你们的本事。""是！"

话刚说完，天龙、地龙已不见踪影。陡然间，洪泽湖上空乌云翻滚，白浪腾空，涛声震天。乾隆皇帝坐在龙椅上向洪泽湖上空观望，便知是天龙、地龙施的法力。过了一会儿，风平了，浪静了，乾隆皇帝定神一看，周围的水全没了。乾隆皇帝面对大臣们笑嘻嘻地说，天龙、地龙果真是治水能手啊！这下可让我少烦心了，清江浦的百姓再不会遭受水灾之苦了。听了皇上的话，大臣们的心里也都一样高兴。坐在皇上旁边的格格一句话也没说，脸上显得很忧郁。

天龙、地龙退水之后，便来到皇上面前报功。乾隆皇帝看着得胜而归的天龙、地龙，笑了笑说："前场的戏演完了，后场的戏不能不演喽。"天龙、地龙立即答道："吾皇万岁，万万岁！恳请皇上开恩，成全我们与格格的美事。""好，我这里有一颗珠子，我用红布包上，抛向空中，谁抢到谁可得到格格。不过，你们的双眼都得用黑布蒙上，否则显不出你们的本事来。"听了皇上的话，天龙、地龙好半天才咬咬牙说："行！"

乾隆皇帝立起身，令人将随身带的宝珠用红布包好握在手中，待天龙、地龙做好准备，便向空中抛去。蒙上眼睛的天龙地龙随着宝珠的"嗖嗖"声腾空跃起，尾随而去。那宝珠在空中忽左忽右，忽上忽下，天龙、地龙根本无法靠近。站在地上观望的人们早已眼花缭乱，连影儿也看不到。正值此时，天廷降旨：天龙、地龙，有要事速回天宫。听到旨令，二龙流着泪望着格格，恋恋不舍地向天宫飘去。二龙走后，格格昼夜思念，不久便离开人世。

运河穿城过

古淮河

清江浦漕运史上"钓鱼式"反腐

◎吴昀婕 / 文

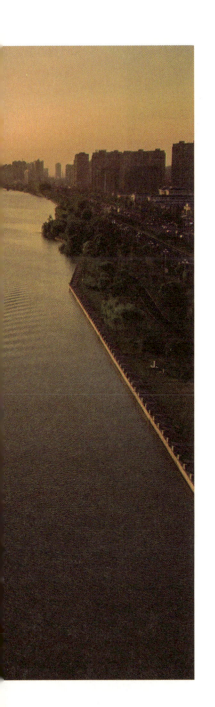

　　清朝嘉庆初年，漕粮浮收的问题较乾隆中后期更加严重，成为引起江浙地区社会矛盾激化的一个重要原因，引起嘉庆皇帝的高度重视。

　　嘉庆二十年九月，也就是1815年9月，嘉庆皇帝派陶澍（陶澍1779~1839年，字子霖，一字子云，号云汀、髯樵。湖南安化人，清代经世派主要代表人物，嘉庆、道光朝重臣）奉旨巡视江南漕务，时任江南道监察御史的陶澍离京沿途明察暗访。当年十月抵达漕运都府所在地清江浦。听说巡漕大臣抵达，办理漕政的官吏大都准备前去拜访送礼。然而陶澍到达清江浦后以旅途劳累为由，到漕运总督府附近找了个地方住了下来，一个也不予接见，但凡是送礼的官员礼物全部给收下了。10天后，这个陶澍已经掌握了所有漕官的清廉和贪腐状况，决定召开办漕官吏大会。到漕运总督府升堂后，师爷当场宣读了送礼官员名单和所送礼品礼金，这时贪官们满头大汗，不敢抬头。宣读完毕后，陶澍一拍惊堂木，对送礼的官员说："尔等凭俸禄哪里能有上千银两送礼，分明是敲诈勒索、贪赃肥己。今日暂且不治尔等之罪，但所送财礼全部没收，发回地方作为修建书院经费。各处所欠漕粮限一月之内交割清楚，违者从严惩办。"一个月后，陶澍再次升堂议事，宣布将所有官员分为三等：凡漕粮任务如期完成又未送礼者定为上等，申报朝廷，官升一级；漕粮任务完成好，但送了礼的，记过一次，定为中等，不奖不罚；对两名自认为有后台、称病不理漕务，又有贪贿行为的官员，定为下等，革除官职，强令变卖家产，赔偿历年贪污亏欠的漕银。

　　据史料记载，通过这次"钓鱼式"反腐，漕务大有起色，半年就办理500万石米粮，是前后10余年所没有的。特别是漕官不敢再贪污勒索，大大减轻了老百姓的负担。

清江浦记忆馆

淮安名人馆

甘露村村名传说

◎荣根妹 / 文

甘露村内没有姓甘的也没有姓露的，为何叫甘露棚的呢？又为什么"甘露棚讲理一头怪"呢？这里有一段历史传说。

当时街上有一户姓冯的人家，只生两个女儿，没有儿子。为了修行，他中年后装扮成僧人，化缘敲木鱼子，到各户要粮要钱。要来的钱粮自己不用，换卖成砖头，把砖头立起来铺成达 500 米长的街道，既整洁又便于行走。

那时盐河境内的西南片和范集白马湖等地群众上街赶集都得到淮城镇（现楚州），甘露棚小街是必经之地。赶街人买货物，靠肩扛担挑、驴驮车推，要进城还有七八里路，因此到甘露棚小街时就得歇歇脚、躲躲风雨还要喝茶、吃点饭菜。甘露棚小街虽不逢集，但每天来往人很多，较为繁华。为了招揽客人和做生意，很多人就在店面屋旁或空地上搭建起棚子，让赶街人或驴骡在棚内息脚。赶路的人也经常到这些棚内休息，就习惯地称这些棚子为赶路棚。"赶路棚"渐渐被叫响，时间长了周边的人都熟悉这个名子，后来就把这条小街简称"赶路棚"。又因为路远赶到这里喝上茶如同喝上"甘露"一样，以后就把"赶路棚"换写成现在的"甘露棚"。解放战争时期，棚被盐北区政府拆掉，木料拖到岔河建盐南区政府（后建）。解放后，建了苏北灌溉总渠，后又成立了人民公社，各地方新的集市渐渐形成，赶街上淮安城的人少了，甘露小街逐渐衰落。"文化大革命"后，甘南生产队又将小街上的砖头拆掉建猪舍，小街两边人家开始搬迁到别处建房，小街就不复存在了。但甘露棚的名字仍在延袭。

所谓"甘露棚讲理一头怪"也是有来历的。

甘露棚小街兴旺时期，一些有权势和有钱人经常到茶馆喝茶、听听说书，形成一些头面人物经常会聚的地方，当时顽、伪、匪三个时期的乡公所都设在这里。群众遇有一些纠纷和矛盾，免不了要到这里讲理。过去是"县府衙门八字开，有理无钱莫进来"，甘露棚小街也是这样，有钱的人请有权势的这些人吃吃喝喝，或送些钱、物，这些人就帮有钱人说话，欺压无钱老百姓，无钱的人再有理也讲不通，理总是属于有钱人的。时间长了便成了一句俗语："甘露棚讲理一头怪"。

解放后，改"甘露棚"为"甘露村"，隶属清江浦区董码镇。

淮安市博物馆

淮安戏曲博物馆

关城地名的由来和变迁

◎荣根妹 / 文

唐朝末年，黄巢起义杀人不眨眼，竟然拿人肉做食物给士兵充饥。当年有一个人，听说黄巢要大开杀戒了，逃到一棵大树下，发现大树有一个孔。这个孔又高又大，可以钻进一个人，于是就钻到大树里面躲了起来。后来大军来到这棵大树下，就拿树开刀，结果一刀下去，正巧砍掉了这个人的人头。这就叫"黄巢杀人八百万，在树（数）也难逃"。

有一天，黄巢起义大军杀到清河地界，看到一个逃命的女子，肩上扛着一个六七岁大的孩子，手里搀着一个三四岁的小孩拼命奔跑，觉得奇怪，问她为什么扛着大的，搀着小的，抱着小的不是要跑得快一些吗？女子回答说："大的是我的丈夫前妻生的，小的是我自己生的，如果我扛着自己生的孩子逃命，把这个没娘的孩子落下被杀了，

对不起死去的丈夫和他死夫的前妻，假如我自己生的孩子被杀了，以后还能再生。"正巧黄巢赶到这里，听了原委很受感动，便下令："这位女子和孩子留下不杀，为子孙后代留下贤良美德。"黄巢在地上画了一个大圆圈，又令士兵弄了一些树枝将这个大圆圈围起来，命名叫"关门城"。黄巢又向全军下令，关门城内的人不杀，后来这个地方就叫关门城。曾有前关门城和后关门城之分，全国解放后，因行政划分需要，简称关城大队、关城村。

运河大桥

"三堆"往事

◎蒋飞 / 文

南宋绍熙五年，黄河夺淮，至清咸丰五年改道北徙，夺山东古济水入渤海，长达661年。淮、泗下游原有深阔的河槽，被黄河泥沙淤积成为高悬于地面之上的"悬河"，清江浦至涟水"城内地面比河堤约低三十尺左右"，变成淮河和沂、沭、泗两大水系的分水岭，废黄河（今古淮河）沿线建起了一至两公里不等东西走向的河堆，绵延数十公里。在今水渡口街道境内曾还有这么一道南北向的土堆，人们称之为横（hòng"方言谐音"）堆（为抗洪所砌），横堆东西两侧被称为东堆、西堆，横堆头大致在今白鹭湖学校位置。古代"三堆"的人们祖祖辈辈以务农为生。

明永乐十三年，清江浦开埠。明清时期，由于河务、漕运的繁荣，拥有"南船北马，九省通衢"显赫交通要冲地位的清江浦达到了鼎盛时期。

相传清乾隆四十年，"三堆"住着姓吕的三兄弟，老大、老三住在东堆，老二住在西堆。在那个"士农工商"等级分类严格的年代，经商始终不被大多数人认可。三堆地处清江浦城的边缘，吕家老二对清江浦繁荣耳闻目染，世代务农的他逐渐萌生经商念头。他从起初的贩卖农作物一步步做到通南北、贯东西的商贾名家，经历了兄弟反目，尝尽了人间冷暖。在他的影响下，西堆的人们争相效仿他从商。渐渐的，西堆人经商、东堆人务农成了世代延承的传统，东、西一堆之隔的地理差异渐渐演变成城市与农村的差别，横堆成了城市与农村的分界线。到了清朝末期，"西堆的姑娘不嫁东堆的郎，横堆上头有豺狼，东堆的人多务农，西堆的人多经商，中间隔的不是堆，是伤"的传说广泛传播，"三堆"往事见证了时代的发展与变迁。

淮安高架

月亮湾的由来

◎ 张殿云 / 文

月亮湾是与里运河相汇的一片湖景，湖面清波旖旎、野鸭成群，堤岸绿柳轻扬、花香鸟语、四季如春。

传说，很久以前月亮湾是一片不毛之地。滔滔奔涌的里运河水狂风卷浪，多少纤夫行到此处，难搏凶险，葬身河底。纤夫中有个叫李东风的，生来谙熟水性，五岁那年，在父亲前头掮着纤绳，脚下一滑，跌倒在运河水里，即刻被一浪头卷走了。同行的纤夫们只能望着远去的浪头哀叹连连。可是，下一秒奇迹发生了，又一个浪花拍岸而来，他从浪花里一身湿漉漉毫发无伤地爬上岸来。及至十五六岁，李东风已长成一个极标志的男子汉，一张国字脸任凭风吹日晒就是白皙俊朗，两道弯眉如刷漆般浓密，星眸如通神般明亮，宽肩阔背，钢筋铁骨。

一个月黑风高的夜晚，他们正行走月亮湾境内，一个浪头卷来，把整个船吞没了，那可是有名的黑财主狼霸财的船啊，载有百万金银，千匹绸缎。这可怎生得了？就在这时，一女子凄切的哭声传来。李东风循声跳进水里，救起了一姑娘。姑娘自名小月亮，没有家人。李东风对小姑娘说，你若不嫌弃就留下来，一起开垦这片黑土地。

小月亮极是聪慧，辅佐李东风带领纤夫们就此扎根安家。日出而作，日落而息。转眼三年过去，黑土变成熟土，收成一年比一年好。小月亮和李东风当然也是两情相悦，

大喜的日子就定在三天后他们初相遇的那一天。

人间三年，天上三天。天宫发现了小月亮的身影，电公雷母搬来狂风骤雨，向这片黑土地狂轰滥炸。原来小月亮是嫦娥的女儿，她既怜悯这群苦难的纤夫，更倾情于李东风。李东风遇难的第一时间，她便学了当年七仙女救董永的招儿，偷着从天庭来到人间，就在雷母即将抓到她的那一刻，她跃身汹涌的里运河，顿时风停雨住，里运河堆凹成一个月牙形，包围着一个月亮般碧波荡漾的水面，从此这里便是美丽的月亮湾。

清江浦之夜

美丽的长虹桥

◎吉长虹／文

清江浦里运河越秀桥与清隆桥之间，有一座形如彩虹的桥，名叫长虹桥。提起长虹桥，还有一段凄美的传说呢。

明末清初年间，里运河畔住着一户姓程的人家，靠开饭店为生。程老板心眼实，做生意选材好，做工精，价格公道又一视同仁，所以生意过得去，日子也算殷实。

这里且不说程老板生意如何，单说程老板的女儿小红。姑娘圆圆的脸蛋白嫩嫩的皮肤，常常梳着两个朝天椒辫子，煞是可爱。更为可爱的是这丫头心地特别好，小小的年纪就怜老恤贫，照顾孤寡。

程家边还住着位姓林的老太太，不知什么原因，多年寡居，无儿无女。随着年岁渐老，缠着三寸金莲的林老太日常生活越来越不便，淘米洗菜、担水劈柴都力不从心。

小红姑娘常到林老太太家玩耍，帮着林老太递棵葱剥个蒜什么的。林老太乐得有人打伴，待小红姑娘如同亲孙女，有什么好东西都给她留着，还常给小红讲古说今。有时林老太做针线活，这丫头就托着腮帮，忽闪着大眼睛在一旁看。林老太眼神不济，穿针引线的活儿都是小红承包；腿脚不便，打酱油买盐也是小红代劳。

时间久了，邻居都把小红当作林老太的孙女，叫她小林姐。程老板一家人也不气恼，竟也随众，称女儿为小林姐。

小林姐7岁那年，快到五月端了，天气逐渐热了起来。这天，林老太和小林姐抬着一篮子衣被到里运河边浆洗。小林姐毕竟人小，只是帮衬。林老太将被子放在石板上，用捶衣棒一棒一棒捶打被子。这么反复来回捶打抛洗，就是青年人都觉着不易，轮到这一老一小更是艰难。

突然间，晴好的天气一阵狂风带来一片乌云，把林老太连人带衣服卷入激流之中。小林姐一边大喊救人，一边连想都没想便跳了下去。等到人们赶来时，风停雨住了，天边出现一道彩虹。人们只打捞到林老太的尸体，就是找不到小林姑娘。大家都觉得奇怪，一时议论纷纷。后来有懂得天象的人说，这善良的姑娘是踏着那道彩虹升入了仙境。人们为了纪念这位善良的姑娘，就在小林姑娘落水的地方建了一座桥，取名为长虹桥。

长虹桥

梧桐树下

◎ 陈亚林 / 文

"家有梧桐树，引得凤凰来"。很久以前，里运河畔水门桥南，一个县委宿舍大杂院里住有近百户人家，院中有4棵梧桐树，一溜边排着，高大挺拔，比屋顶还高。老辈人说，那才是真正的中国梧桐，依稀记得它的名字叫"青桐"，一个带有诗味的名字。

传说，第三棵梧桐树下住着一户王姓人家，老少三代7口人，最让我难忘的王奶奶皮肤白皙，三寸金莲。她没上过什么正规学校，但什么三字经、女儿经、三从四德、女孩子的礼仪规范张口就来，更令我佩服的是，她上知天文、下知地理，还有一肚子讲不完的故事。

王奶奶的少女时期，就是清江浦城里的美人儿，后到一大户人家当丫鬟。因年龄小体弱，也做不了什么重活，地主就让她陪小姐读书，闲暇教小姐做女红。结果是书比小姐读得好，手比小姐还要巧，深得小姐和家人喜欢。

小姐到了出嫁的年龄，风光出嫁。可小姐舍不得陪了她几年、形同姐妹的丫鬟，就想着给她一个好的归宿。过两年，就在清江浦城里，替她做主许配了一户好人家，一来离小姐不远，二来小姐也有个知心的人说说体己的话。几年过去了，王奶奶相继生了几个孩子，可不知咋回事，都在几岁时夭折了，不是这病就是那病，可能跟当时的医学不发达有关吧。

经过几次丧子之痛，王奶奶身心饱受摧残，不再对有孩子抱什么奢望。可几年之后，却又有了身孕，两口子真是喜出望外，这简直就是上天送给他们的礼物，小心翼翼地终于盼到足月即将分娩。

在分娩前一天晚上，王奶奶做了一个蹊跷的梦：一个白胡子老人仙风道骨，从遥远天际飘然而至，手里拿着一枝粉红色桃花。说是上天派他来此，特借给桃花一枝，但限她只能把玩三年，到时会如约收回，说完即消失了。凌晨分娩一女儿，天使一般，粉面桃花，起名为"桃花"。

聪明伶俐的"桃花"，不到一岁就蹒跚学步了，走路、说话都比同龄孩子早，街坊邻居就没有人不喜欢的。父母也是小心翼翼呵护这个来之不易的小生命，将那梦魇始终沉沉地压在心底，没有对任何人透露一星半点，因为实在不愿相信那个白胡子老头说的是真的。

幸福与希望支撑着这位美丽的少妇。可不幸的事情无情地摧毁了她，一场突如其来的白喉侵袭了这个可爱的小天使，高烧几天不退，小脸被烧得通红，请了多少高明的医生最终都无回天之力，少妇抱着已经没有了呼吸的孩子，哭得眼泪都干了。

这对这个家庭是一个沉重的打击，是在一个母亲心上戳了一刀。失去孩子的那天，这个叫"桃花"的孩子整3岁。

孩子在人间犹如昙花一现，虽然时间短暂，但也留给她很多欢乐，以至多年后提及这个孩子，仍有万般怜爱的情愫飘扬在眼角。一提起"桃花"，王奶奶就不由自主地仰望星空，说桃花变成了星星，就在天上看着她，瞧！那颗最亮的星星就是桃花。她没有走，一直在遥远的天际过着神仙般的好日子。

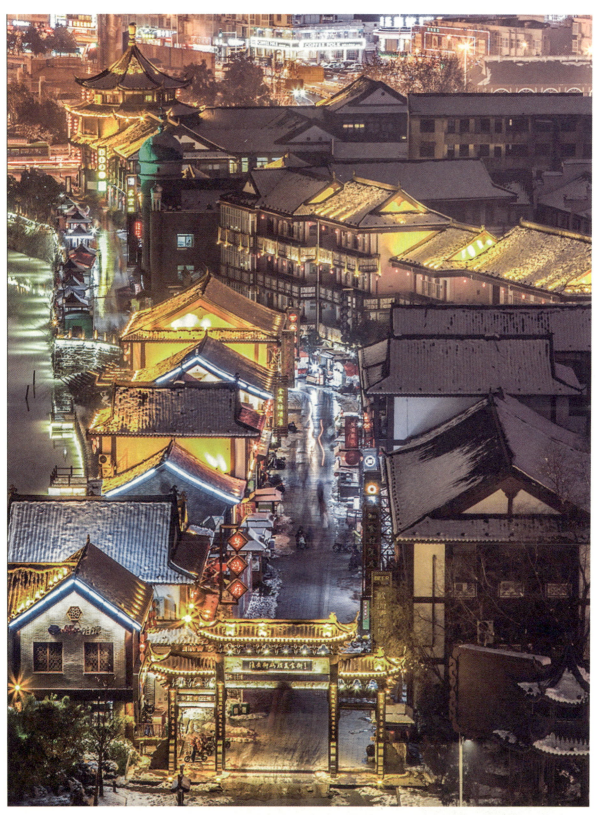

风雪之下的清江浦御码头美食街

贰

清晏园一瞥

乾隆严办老岳父

◎王卫华 / 文

贰

乾隆十四年（1749）皇帝下诏首次南巡，高斌即在江南河道总督府（即今清晏园）园内建荷芳书院一座。知道乾隆最喜爱当朝书法家蒋衡，便请他题写了"荷芳书院"四字。乾隆十六年（1751）三月开始南巡，高斌在荷芳书院隆重迎接了圣驾。乾隆非常高兴，即升高斌为代理两江总督。

高斌女儿在弘历成为乾隆皇帝后成为宠妃，一生享有诸多荣誉（《百科名片》等诸多网站多有记述）：一是在雍正十二年（1734）三月初一，皇四子弘历被封为和硕宝亲王的第二年，她从使女直接升为和硕宝亲王的侧福晋。二是再一年，乾隆刚登基，便为高氏一族抬旗，将原为包衣（家奴）的高家抬入满族最珍贵的镶黄旗。三是，乾隆一登基，即封高氏为贵妃。四是，高氏荣升皇贵妃时，公主、亲王福晋和三品以上命妇均要到她的寝宫向她行跪拜叩头朝贺礼，其后再册封的贵妃不再享此大礼。五是，乾隆住圆明园时，随侍的皇后与其他妃嫔集体住在"天地一家春"中，而她独居茹古涵今韶景轩。六是，乾隆一生共为4位妃嫔写过诗，写诗最多的是皇后富察氏，第二位便

是高氏……此外，红学家们还说她是《红楼梦》中秦可卿的原型，则又是文学上的美誉。

高妃命薄，于乾隆十年（1745）正月二十五日病逝。乾隆赐其"慧贤皇贵妃"谥号，并连续多年每年都写诗怀念她。

乾隆对高斌也褒奖有加，擢升连连，题辞不断，在他70岁时还赐诗一首：

《大学士高斌七十寿辰诗以赐之》
早参黄阁侍金銮，晚觉扶鸠步履难，
卧里藉卿为保障，成功告我永安澜，
读书未懈平生志，益寿何须九转丹，
黄耇蟠蟠在朝众，勤劳轸念久河干。

至此，高家的荣誉最终升到顶峰。

然而高斌71岁升为代理两江总督时，犯了一个现在看来并不大的错误，受到到乾隆严惩。

乾隆十八年（1753），先是洪泽湖水大，冲决了邵伯运河（今江苏扬州市邵伯镇境内）上的二闸，高邮和宝应两县（今均属扬州市）受淹。当时学习河务布政使富勒赫

奏劾南河总督衙门亏空公款，于是朝廷就派二等公、代理
兵部尚书策楞、工部尚书刘统勋前来调查。调查的结果是，
外河同知陈克济、海防同知王德宣挪用亏空了巨额公款，
洪泽湖溢水则是通判周冕玩忽职守所致。乾隆皇帝看到策
楞的奏折，认定作为代理两江总督的高斌难逃徇私放纵下
属之责，协办河务张师载也有责任，当即免了二人的官职，
留在河工上带罪效力。

　　不幸的是，同年九月，黄河接着也发大水，在徐州铜
山县境内向南决口，水淹灵（今安徽灵璧县）、虹（今江
苏省宿迁市泗洪县）等县。黄河水再冲入洪泽湖夺淮而下。
按照常理，这时秋汛已过，不该有大的水患发生，为此乾
隆很是生气。这时策楞奏折再到，称是同知李炖、守备张
宾侵吞公款，造成水利工程延误工期而导致了溃堤。现在
看来，一是天灾，二是部下犯罪，作为代理两江总督的高
斌有管理不严的责任，乾隆下诏立斩同知李炖、守备张宾，
并让71岁的老岳丈高斌及协办河务张师载到法场陪斩。
陪斩后高斌留于工地效力，两年后死于河工。

清宴园蔷薇园

总督河道部院

荷芳书院

景点推荐

治水和漕运史上规模最大的衙署园林，国家 AAA 级旅游景区、全国文保单位、国家水利风景区、国家水情教育基地。建筑面积 6800 平方米，占地面积 79920 平方米。

明永乐时，清晏园为户部分司公署，距今已有 600 年历史。清康熙十七年（1678），清政府在清江浦设官治河，河督靳辅在明代户部分司旧址"凿池植树，以为行馆"，后经历任河督整修，公园渐成规模。清晏园曾先后称为西园、淮园、澹园、清晏园、留园、叶挺公园、城南公园。1991 年，公园更名为清晏园。公园总体布局由南经北分布着八大景区：环漪别墅、黄石园和荷芳书院三大景区坐落在中轴线上；东侧建有序园、御碑园、总督河道部院景区；西侧有叶园、明代关帝庙景区。园内亭、台、楼、阁、假山错落有致，曲径、长廊、流水循环往复，四季花繁木盛，秀丽典雅。兼具南方园林之秀丽和北方园林之雄奇，为典型的古典园林景观。

主题特色

看尽清官宦海浮沉、江淮第一名园

位置定位

人民南路西侧

治水功臣靳辅

◎安俊 / 文

清江浦故事

　　悠悠运河水，魅力清江浦，可谓风物佳地，人文胜地。船行运河长廊，越过清江大闸，近观清江浦楼，舍舟登陆，移步清晏园，回廊葱郁，风光旖旎。这盛世景象不少得益于康熙皇帝与河道总督靳辅的功绩，"江淮第一园林"清晏园里的御碑亭、碑廊和林林总总的碑文也是"见证人"。

　　清晏园原为明代永乐十三年设在清江浦的户部分司署，目睹了淮安督理漕粮的显赫，尤其是清康熙十六年河道总督在此驻节，并"凿池植树"，以为行馆。经过多次修建，成为府衙后花园，花园名称先后有西园、淮园、澹园等其他名字。嘉庆五年，更名为清晏园，"清"者寓清水、清河之意，"晏"者安也，且有平静、恬静之意，表达了淮安人民渴望降服"洪水走廊"的心愿，淮水安澜的祈求。

　　康熙十五年（1676），黄河冲决王营，高家堰决口达34处，淮安以下州县一片汪洋，加之清口淤塞，泗州古

城与明祖陵也被水吞没，直接威胁到国家每年400万石漕粮的北运，更对评定三藩之乱极为不利。是以，康熙皇帝痛下决心，全面治理黄河、淮河及大运河。"以削藩及河务、漕运为三大事，夙夜廑念，曾书而悬之宫中柱上。"并谕旨靳辅为新任河道总督，实心河务，"辨其水势，疏其故道"，拿出"一劳永逸"的方案。于是，靳辅靠前指挥治水，改驻清江浦，以原户部分司署为行馆，此后各任河督或南河总督（共37人），皆驻节于此。

靳辅接旨后，并没去总河行署上任，而是直接带着一干人马到河工现场马不停蹄视察。白天与工匠民夫一同泡在泥水里，夜晚即住在沿河工棚里。就这样，他不分昼夜地实地考察两个多月，经过仔细研究，并总结前人治理黄河经验，于1677年农历七月初六一天之内，向紫禁城发出了8道奏折即《经理河工八疏》治河方策，将黄、淮、运三河一气贯通，提出了五项治理工程、六项保证措施，"浚运河、筹经费、选河员、设河兵，使之画疆分责，河兵之设自此始疏"。这些工程与措施包罗了全面治理河道、协调三河水系关系，保证运河水位，连治河大小官员的选派、钱粮来源、如何免除贪污浪费等都安排妥当。尤其是将前朝万历年间潘季驯提出的"束水攻沙"运用到实践中，修建束水坝，提高水流速度，内容齐全、方略清晰。康熙皇帝看后十分满意，朝中大臣讨论下并对相关内容稍加修改后，便开始正式实施这个方案。

1684年，康熙皇帝首次南巡时，更是在河道总督靳辅的陪同下，"步行阅视十余里，虽然泥泞没膝，亦不辞其艰"，这块泥泞之地也就是现在"清口水利枢纽"那一带。康熙在清晏园里还曾嘱咐靳辅"肖家渡、九里岗、崔家镇一带，皆吃紧迎溜处，甚为危险，所筑长堤与逼水坝，须时加防护"。不过，官场风云变幻，如履薄冰，即使作为财力最雄厚且又不驻京的部级机关，河督署淮园却显得有点寒酸。要知道，官衙非私有财产，人们对公物也不甚爱惜；更要紧的是，怕园子搞得过华丽，扎众人的眼，引其他部堂嫉妒，遭科道御史们白版纠参。康熙第四次南巡，时任河督张鹏翮将淮园整修一新，效果并不好。康熙御制《河臣箴》，并赐"澹泊宁静"四字，其深意值得玩味。乾隆十五年，河督高斌试探性地在荷池北面赶建了荷芳书院，大受乾隆爷赏识，遂勒碑记事。袁枚拜会座师尹继善，有《留别荷芳书院》诗4首，其二云：

骊歌一曲柳千行，
荷叶离离尚未芳。
四面莺声啼暮雨，
半竿帆影过低墙。
篱笆门小花能护，
歌舞台高水自凉。
看取君恩最深处，
碑亭无数卧斜阳。

言归正传，官场里做的不如看的，看的不如说的。靳辅所取得的成就，在一些朝臣眼中，就是个羡慕忌妒恨，如同后世之清流帝师翁同龢只知道弹劾李鸿章一样，他们借黄河几处的溃决，攻其一点，否定全部，对靳辅群起而攻之，虽然靳辅对黄河之溃及时抢堵，弥补了损失，但还是在汹汹之议下被罢免河臣之职，戴罪监修黄河。按说此时，靳辅应该是心灰意冷，但他心系黄河，并感恩于康熙拨款让继续治河，官不官如浮云，只要能继续治河，便一如既往以"黄河清晏"为己任，任劳任怨而忘我奋战在治河第一线。又经半年努力，修补工程次第告竣。康熙选人验收称"堤坝坚固"，并称靳辅"病颜可悯""人才难得"。康熙遂恢复靳辅河臣的官职，并下旨褒奖。时隔不算长，靳辅病倒在督运灾粮的船中，次年不幸病逝。康熙闻之，甚为痛惜，降旨悼念，诏赐祭葬。而后，康熙又多次南巡，在靳辅的治河基础上，完成了黄淮下游及洪泽湖等系列的配套工程。

淮上只晓清晏舫　何人识得"不系舟"

◎安俊/文

诗曰:
清江流是导淮清,
禹迹而今久变更。
荣戟建牙期底绩,
衡闾比栉愿咸亨。
漕艘北上斯千庾,
水驿南来第一程。
路转川回宜望远,
树头瞥见片帆轻。

清人麟庆所撰《鸿雪因缘图记》记载:"河道总督原驻济州,雍正间分设南河,始以清江浦行馆为节署。署西有池,张文端公开;有园,高文定公辟,名之曰'荷芳书院',拙老人蒋衡所书也。乾隆初,高宗南巡,赴武家墩阅湖,过此临幸,因在河臣署右,即赐为休沐之地。寻名淮园,又名澹园,后改清晏。"曾经作为江南河道总督署的西花园,清晏园乃淮上名园,当地谁人不晓?然"百姓日用而不知",只晓得清晏园里的清晏舫,而不识得其的真身"不系舟"。

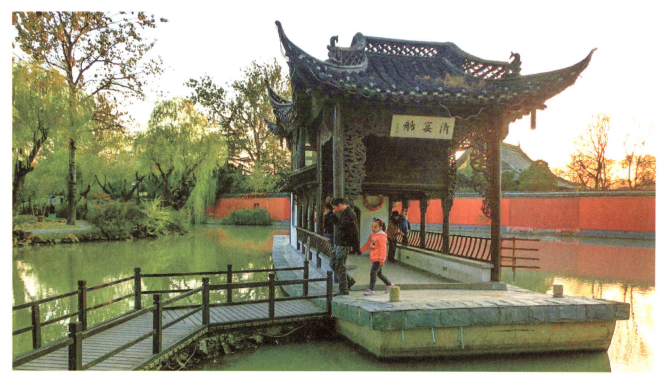

话说乾隆十八年九月，雍正元年进士、尹泰之子尹继善再授为江南河道总督（简称南河总督），驻节清江浦。此君乃任职次数最多、任期最长的两江总督，先后在江南为官30余年，四督两江共计18年。其中，第二次任两江总督时，他在督署内西花园池中，建有水上船形书斋，别具风格。尹继善《题不系舟》诗前小序："金陵使院西偏，旧有室三楹，如半舫。丙寅（乾隆十一年）春，余葺而新之，颜其额曰'不系舟'，盖取南华之义。""南华"指的是庄子的《南华经》。

如今，尹继善已在清江浦任职，正立于荷芳书院内，冥想圣上首次南巡时即下榻此处，第二次南巡想必不会等太久，该如何进献圣上呢？这会儿，来拜访自己的学生子才，也就是乾隆四年进士钱塘人袁枚仿佛看出了恩师的心思，说道："恩师在金陵葺'不系舟'，取自《庄子·南华经》中'巧者劳而智者忧，无所为者无所求，饱食而遨游，泛若不系之舟'之句，可在淮地重建此书屋，修葺为石舫，以迎接圣上再次南巡。学生赋诗曰：篱笆门小花能

护，歌舞台高水自凉。看取君恩最深处，碑亭无数卧斜阳。"于是河督尹继善命人仿制其形，葺为石舫。

不久，圣上亲临，在署内看到湖中屹然不动、稳如泰山的石舫，顿时想到唐朝贤君即唐太宗李世民的"民如水、君如舟"的比喻，再看朕"十全老人"治下国泰民安，又逢盛世，大为喜悦，欣然提笔题名"不系舟"，并故意问尹继善："可知朕取名何意？"

尹继善笑答皇上："此舫乃大清吉祥物，任凭风吹浪起，何须绳缆，大清江山固若金汤。"

乾隆爷微微点头，又问："爱卿这湖面甚小，置这一舫，岂不是一篙便可将船撑向彼岸？"

尹继善连忙回答："皇上圣明，此舫乃石质，皇上驾驶此舫，实为万寿无疆，大清前程无量，是永远没有彼岸可言的。"可谓巧妙化解刁难。喜欢与大臣文字相谑的乾隆皇帝对此回答十分满意。乾隆三十年尹继善被召还京师，授予文华殿大学士，兼管兵部、上书房总师傅，有"荣华冠九卿"之说。

清江浦故事

风雪清晏园

98

钵池山：一钵碧水叠彩山，山子湖平漾轻烟，杨柳丝丝骚客牵。
王乔灵迹笑谈间，紫气东来荡山前，水光潋滟燕掠田。
欲问洞天最佳境，老君空腹有玄玄，春光妩媚情缠绵。

千里送京娘

◎陈亚林 / 文

相传山西人氏赵启赵公子，因惹了官司，逃至清江浦，在慈云寺中临时栖身。一天夜里，忽闻前殿传来女孩抽泣声，上前打听，原来哭泣女子与他同姓也姓赵，名"京娘"，蒲州解良县小祥庄人，年方二八娇艳可人。原来随父赵员外到庙里还愿，不幸遭遇强盗，被困于此。京娘"香腮染赤，耳坠明珠直摇曳。云鬓浸墨，头插凤钗要飞翔"，强盗为其姿色所动，便有意将京娘劫持，暂时放在殿内，准备择日成亲。

赵公子二话没说，将赵京娘解救，亲自送回家乡。两人路过钵池山，春花烂漫，桃花映红了半边天。京娘在湖水中梳洗，就在京娘以帕试水的刹那间，胭脂红荡漾了全湖。这情景不但惊诧了路上的行人、湖边的农民，也让赵公子惊讶不已，他疑惑这桃花为何开得如此鲜艳夺目，再看京娘，粉面桃花如出水芙蓉。

赵公子一路相随相伴，悉心照料不失分寸。京娘想到赵公子对自己的恩德，不由脸红耳热，萌生了托付终身的想法。女孩子的矜持又让她羞于主动表明心迹，可赵公子偏是不解风情。

京娘真是话到嘴边口难开啊，竟变得忧郁寡欢闷闷不乐起来。赵公子还自责自己照应不周。眼瞅着离家乡蒲州已经不到300华里了，再不表明心迹恐错过机会就会后悔一辈子。看着京娘欲言而止，公子道："妹妹有话直说。"京娘开口："愚妹年方二八，误入贼人之手，不是英雄出手相救，恐我早丧命在强盗乱刀利斧之下，小女子今生无以回报，愿托付终身与你，不知恩人可明白小女心思？"

"妹妹何出此言，你我乃萍水相逢，出手相救并非图你美色，外人知道当初相救另有企图，且不授人以柄惹人笑话？"京娘却说道："恩兄高见，愚妹今生不能对你感恩报德，死当衔环结草。"以表明心迹。

赵公子一路风尘千里送京娘回家。为感谢公子千里相送，赵家特设家宴酬谢恩人，酒过三巡，员外微醺道："小女尚未婚配，意欲献与恩人，为箕帚之妾，伏乞勿拒。"赵公子自知命案在身，不能拖累京娘，一再推却，跃上鞍辔，绝尘而去。

谁知京娘是个烈性女子，夜深人静取笔题诗于墙上："天付红颜不遇时，钵池山水胭脂色。今宵一死酬公子，彼此清名天地知。"留下绝笔遂悬梁而去。

后来，赵公子一直生活在钵池山畔，终身未娶，终日与钵池山水为伴，清江浦的民间千里送京娘的故事早已广为流传。

贰

鸡犬升天钵池山

◎朱士元 / 文

东周灵王太子王子乔与父亲闹意见后离家出走，在路上遇见修仙得道的真人浮邱公。浮邱公将他接上中岳嵩山，修行30年得道成仙。下山后，王子乔遍游神州，想选择一个地方炼丹。那天，他走到淮河边的一个岗垄上，看到此处与众不同，其地势幽远旷达，祥云瑞气盘绕，便住了下来。

家住钵池山不远的三秃子，去给在田间收麦子的家人送饭。路过钵池山见洞中居着一位鹤发童颜的老人，便走上前去问："老叫花子，你何时住到这里？"

王子乔说："我刚住进来时间不长，你是干什么的，家在哪儿？"

"我给家人送饭。家就住在这山北边。"

"我问你，这山叫什么山？"

"这山呐，叫钵池山。"

王子乔看了看三秃子身上背的饭罐子，有点不好意思地说道："孩子，我几天没吃饭了，能把这罐子里的饭弄点给我吃吗？"

看着饿得好可怜的老头儿，三秃子二话没说，取下饭罐子就让老头儿吃。还说："你要吃就吃饱了。"

拿过碗筷就向饭罐子自掏自吃的王子乔，不问三七二十一，一口气将饭罐里的饭吃了一半。三秃子心想说："这么能吃啊！家人今天可要忍饿了。"

吃饱了饭的王子乔一下子来了精神。他装好炼丹炉炼起了丹。这一炼就炼了七七四十九天。当丹丸炼好后，他走出洞口叹气道："我得要好好感谢送饭的小秃子。"

常路过钵池山那个洞为家人送饭的三秃子，好长时间没见到那位老人出洞口了。他心里一直有些纳闷，老头会不会饿死在里边，要是死了，谁会为他收尸呢？真是好可怜哦。还得进去看看，如死了，就把他拖到附近给埋了。

就在三秃子准备走进去的时候，那老头儿却精神抖擞地走了出来，迎面说道："好小子，今天又去送饭吗？"

三秃子惊讶地说："你，你还活着啊？"

"你是不是说我多日未进食，该饿死了吧？"

"嗯。"

钵池山

淮安城

清代黄河图淮安部分

古地图

钵池新颜

贰

"我不会饿死的，吃了你的饭菜我直到今天才知道饿。"

"那，那你赶快再来吃我的饭菜。"

见到饭菜的王子乔，摸过碗筷又吃了起来。实在饿透了的王子乔，只顾大口大口地吃，把饭菜全给吃光了。吃完还说："总算吃到一顿饱饭。"

看着被老头儿吃光的饭菜，三秃子愣愣地看着老头儿，不知说什么是好。

王子乔笑笑说："心疼了吧？"

三秃子一言未发。

"放心，吃多少，还多少。"王子乔话刚说完，又把饭菜大口大口地吐回了饭罐子，而且饭归饭，菜归菜。

有点目瞪口呆的三秃子，仍然说不出一句话来。他背起饭罐，向家人劳作的田里走去。

日过晌午，三秃子的家人在田里饿得都有点头发晕，不停地抱怨道："三秃子是不是又把饭给老叫花子吃了？""要是给老叫花吃了，今天非揍他不可！"

正说着，三秃子把饭送过来了。

家人吃着饭菜，觉得今天做的特别可口，软硬合适，都夸三秃子做饭的手艺越来越高了。

站在一旁的三秃子看着家人吃着饭菜，心里也饿的慌，很想拿起碗来吃上一碗，可一想到老叫花子吐下来的饭菜，心里就作呕。众人吃毕，三秃子收拾后便回家。到了家中，三秃子见罐内还有些饭粒，就用刷锅把子将饭粒扫了下来。就在这时，邻居家的一条大白狗和一群鸡跑了过来，争着抢食起来，将所有饭粒吃得干干净净。

干完农活，众人伸腰展臂，忽觉阵阵清风扑面而来，脚下丝丝彩雾徐徐上升。抬头一看，见一位鹤发童颜的老人，手抡羽巾，朵朵彩云缠绕腰间，也与他们一同随彩云飘向空中。那条大白狗，那群鸡也随之而上。

三秃子站在一边，恍然大悟，原来那老叫花子是仙人啊，这真叫："一人得道，鸡犬升天啦。"

钵池山

钵池山公园

有仙则名　有道则灵

◎安俊／文

相传，公元前 221 年，秦始皇灭六国建立中国第一个专制集权统一王朝后，想改变地理地貌。

于是从玉皇大帝那里求得赶山鞭去赶山，有的山被其驱至两侧，有的赶到东南方向，当其经过泗水古淮河流域时已是筋疲力尽，甚为口渴，便向郡县百姓要碗水解渴，喝完后竟打起瞌睡。一觉醒来再去赶山，山却在本地生了根，气得他在原地直跺脚。这时一位老妪从旁经过说道："你赶的是土山，何不用水将山根泼湿后再驱赶呢？"秦始皇听完后，立马用碗舀了水，连碗带水对着山根狠狠地泼了下去。不一会儿，山根果然松动。秦始皇继续一路赶山而去，但碗里连带的土随着时光推移，形成了状如钵盂的土山，周围更冒出了百余个大小不等的山头，且不断生长。这可苦了老百姓，因为大片农田被毁，交通被阻断。

有一天，一位王姓人家的独子王良去河中捕鱼，抓到一条金黄色鲤鱼，见其肚子很大，想必即将产卵，于是对鱼儿说道："我放你走，去生儿育女吧。"鲤鱼绕船三周，方才离去。王良回去跟自己的寡母说了这件事儿，母亲夸他做得对，做人当有颗善良的心。一个月后，从外地来了对母女俩，说逃荒经过此地想讨碗饭吃。尽管因为钵池山毁了农田庄稼收获减产，王良母子俩依旧邀请这对母女俩留下吃饭。然而对方却没有离开的意思，一连住了数日。女孩子的母亲对王良母亲说："感谢你们母子俩的挽留，我看你家儿郎心地善良，我女儿姓李，尚未婚配，不如结为儿女亲家，不知你意下如何？"王良母亲一听，心中本就对她的女儿有所好感，这几日来更是将姑娘的心灵手巧、端庄秀丽看在眼里，哪有不欢喜的道理呢，自然一

个劲地点头答应。

　　两家就这样商定，选日不如撞日，第二天就张罗邀请街坊邻居来吃喜酒，街坊们看到新郎新娘郎才女貌，热闹了一天将这小两口送入洞房。新郎官王良却翻来覆去睡不着，新娘问"夫君何以睡不着？"王良说："娘子想必看到那隆起的山将农田毁坏，收成减产，度日艰难。"新娘说道："夫君莫愁，明日再说。"

　　第二天凌晨，新娘早起，轻手轻脚将夜壶端出，围绕钵池山周围的群峰一罩一掩，各山头立即下沉遁去，只留下主峰一座，周围平原的农田也恢复了。待到街坊邻居起床时，都高兴地欢呼起来，却无人知晓原因。后来有人说这是王良家捕鱼时将鲤鱼放生得到的福报，因为他娘子家姓李，"李"者，"鲤"也。

　　山不在高，有仙则名，亦不在假，有道则灵。钵池山出名于唐代，杜光庭道士编《洞天福地记》，将钵池山名列七十二福地第四十。所谓"福地"，乃是在钵池山得道的神仙王子乔。其为东周时期周灵王的太子，姓姬，名晋，自幼即具仙骨，常游历于伊、洛之间，尤善吹玉笙。后仙人浮丘生将他带往嵩山修炼。王子乔道成后下山，欲觅一块风水宝地炼丹，游历至淮河下游时，看中了钵池山，便在山上筑起百尺炼丹台，台下挖了一口丹井，终日炼丹不止。丹成，丹台下的井水变成三种颜色，鸡化凤凰，狗变成了麒麟，王子乔遂驾凤凰、携麒麟成仙而去。李白曾吟咏道："飞凫从西来，适与佳兴并。眷言王乔鸟，婉娈故人情。"

巡游建宫大口子

◎朱士元 / 文

钵池山公园内有个远近闻名的大口子，深不见底。曾有个好奇心极强的渔夫，自驾小船，用麻绳扣着大称砣放到水里往下坠，想量量这大口子到底有多深。他在水中将几里路长的麻绳放完了，也没到底。忽然间，天空电闪雷鸣，暴雨如注。有人对他说，你触怒了龙王，还不快快作罢。那渔夫恍恍忽忽中将麻绳收回。回到家中，他一病不起，再也不能出去打鱼。到底咋回事？后来，有个来看望他的人，讲了大口子的事儿，让他如梦初醒。

深居东海龙宫里的龙王，一直想出来走走，观赏观赏外面的世界。他听鲤鱼精回来禀报，洪泽湖一带是鱼米之乡，胜景遍布，是人间天堂般的宝地。龙王听后心痒，恨不得一下子飞到洪泽湖，也好大饱眼福。不过，他又马上皱起了眉头，去了之后到哪吃饭睡觉呢？鲤鱼精好像看出他的心思似的，忙对龙王说："皇上无须多虑，洪泽湖不远处有座山叫钵池山，老子都在那里炼过丹。你派人在那地方撕个水口子，建个行宫，不是美上加美吗？"龙王听后点头笑了。

东方刚露鱼肚白，一位白发苍苍的老者来到钵池山观音庙敬香祈福。敬完香之后，老者坐在庙前四处张望。快近晌午，他走到一个要饭花子跟前，伸手去抓要饭花子破碗中的饭吃。要饭花子见他白发苍苍，足有70多岁，心想，我本是可怜的人，可他比我更可怜。这碗中的剩饭已被我吃过，不能让他吃，重新为他讨点饭来。想到这里，要饭花子用手将碗捂住。要饭花子把自己的意思跟老者说了，老者点了点头，便让他去了。

吃了要饭花子重新讨来的饭菜，老者便跟随要饭花子一起来到一座破庙前。老者走进一看，便知这是要饭花子栖身的地方。老者一点也不客气，往地上的破席上一倒，便呼呼大睡起来。这一睡直到第三天才被要饭花子叫醒。老者睁眼一看，面前的石凳上摆满了饭菜，还有一小坛酒。不用问，这是要饭花子为他讨来的。有菜有酒，老者便和要饭花子对饮起来。酒快要下去一半时，要饭花子有点支撑不住了，可老者好像一点没喝似的。老者问要饭花子："你为何孤身一人在此讨饭？"要饭花子被老者一问，不觉落下泪来。他对老者说："我本码头人，财主强占了我家的房屋和土地，还把我刚过门的妻子也强占去了。父母咽不下这口气，和他拼命，最后都被他的家丁给活活打死了。为了保命，我逃到这里讨饭为生。""好可怜啊！你放心，我给你伸冤！""你……""是！""你……""我实话告诉你，我是东海龙王派到这里来建行宫的。""行宫？""对，行宫就是龙王出游时住的地方。""在哪里建？""就在我们的脚下。""脚下？""对。我告诉你，你可不得外传。后天有一场大雨，这里要被淹没，成为一个大口子。那大口子就是龙王到洪泽湖一带游玩时的行宫。""大口子？行宫？""你不必多问，后天的雨不管多大，你在这个破庙里不要乱走，定会安然无恙。"

暴雨下了三天两夜，破庙周围一片汪洋。令要饭花子不解的是，他的破庙未漏一滴雨，屋干干的。他抬腿去找老者，早已不见踪影。他走出庙外一看，门前刚刚形成的大口子，波浪汹涌。再一看，远远飘来一条小船，上面还坐着一个女人。等小船靠近细看，船上的女人正是自己的爱妻。妻子告诉他，财主家全被大水淹没，多亏飘来一条小船救了她的性命。要饭花子赶紧点上香，夫妻俩跪地而拜，感谢东海神仙的大恩大德。那几年，洪泽湖一带风调雨顺，老百姓都过着好日子，据说是东海龙龙王来游玩时曾许下的承诺，才有这样的好光景。

贰

当年大口子，今日钵池山公园

一个美丽的传说

◎陈亚林 / 文

很久以前，钵池山公园只是一个很小的水塘，塘边住着一户人家，男主人因患咳嗽久治不愈而亡，年仅 26 岁。其实也就是"肺结核"，留下年纪轻轻的媳妇和一个刚满 5 岁的男童"铁牛"。孤儿寡母艰难的生活可想而知，铁牛与母亲相依为命，靠铁牛父亲当年种在水塘边的芦苇勉强维持生计。左邻右舍的婶子伯伯们，也各尽所能接济这个家。

芦苇的苇叶可以用来包粽子，苇杆是盖房子的好材料，将其扎成把均匀铺在屋顶上再毡上草，冬暖夏凉很是抢手。还可以编成斗笠遮风挡雨，芦花可以做席子、门帘子、扫帚，还可编成棉鞋"毛窝子"以此抵御严寒。

铁牛帮着母亲一起将收割的芦苇背到集市去卖钱养家。水塘边的芦苇荡就成了铁牛家重要的经济来源，日子虽紧倒也过得去。

转眼间铁牛就到了娶妻生子的年龄了，母亲常在铁牛耳边唠叨着："年过二十五，衣破无人补。"说来也巧，集市上有个卖豆腐的张家婆娘有个远房亲戚表妹叫白玉，年方 18 待字闺中，平时帮着母亲用芦花专门做"毛窝"，由其父亲挑到集市上卖。白玉名如其人，皮肤白皙、身材高挑，善良的心洁白如玉，最关键的是心灵手巧。她编出的毛窝子上还有各种图案，是集市上的抢手货，价格在集市上自然也比别人偏高一些。经媒婆一撮合，两家都很中意，姑娘看中铁牛憨厚朴实，并不嫌弃铁牛家的贫穷，两家选个好日子白玉就顺理成章过了门。

新媳妇进门，小日子凭着勤劳的双手过得越发红火，盖了新房生了娃，铁牛母亲享受着儿孙绕膝的天伦之乐，好日子总算有了盼头。铁牛不舍得让母亲和媳妇沾手，母亲也力所能及地帮着带娃，看着小两口恩恩爱爱，心里比蜜还要甜。

白玉连婆婆的马桶也承包下来，有一天早上又去替婆婆倒马桶，边走边寻思着，家里这几年添人进口了，卖芦苇的几个小钱也越发显得捉襟见肘，这水塘要是能再变大一点就好了，芦苇可以更多一些，家里也可以多点收入了。忽然间，风声大作飞沙走石，地面渐渐隆起，面积越来越大，眼看自己家新盖的房屋就要随地面长高毁于一旦。她赶紧爬上山顶，将手中马桶朝着地面隆起已成山头的石头上一卡，山头随即停止生长，形成"盘纡凹曲，形若钵盂"，就是人们今天所看到的钵池山。芦苇荡比原来增加了好几倍，湖边的芦苇也比原来生长的茂密很多，没多久周边绿草如茵、青山碧水与芦花飞扬相映成趣。铁牛家的芦苇荡大得忙不过来，就与邻居们一起分享。铁牛一家母慈子孝，上苍眷顾这善良人家，赐他心想事成，从此过上了幸福的生活。

钵池山公园全景

钵池山公园

老子塑像

钵池山公园鸟瞰

景点推荐

苏北地区最大和特色鲜明的城市景区，位于主城区的中央商务区，占地 1800 亩，其中水域面积 680 亩。景区建于2005 年，总体规划设计采用国际招标，邀请加拿大、荷兰等国的园林设计单位参加竞标，经过比较选择，最后由加拿大的筑原设计所中标。为了使景区整体规划风格与布局体现历史与现代的有机融合，设计理念上采用了现代化的手法，既再现钵池山作为道教"七十二福地"之一的文化底蕴，又融入了吴韵楚风的草根文脉，同时以现代的造园艺术着力塑造出自然生态的园林景观，形成了满足市民休闲揽胜需要的都市开放空间。钵池山景区也是江苏省第四届园艺博览会的主会场。

主题特色

山水生态环境与道教文化的有机整合

位置定位

中央商务区

楚秀园：满园林，瘦红肥绿，休休春事无几。杜鹃唤起三更梦，窗外露澄风细。浑不寐。但目看，一帘夜月移花未。推衾自起。念岁月如流。

脍炙人口跃龙池

◎朱士元／文

楚秀园西门口的跃龙桥下有个池叫"跃龙池"。为何叫"跃龙池"，其传说至今都让人津津乐道。

明朝有个皇帝叫朱厚照，在淮阴留下不少足迹。当年的淮阴码头是南北水上交通要塞，过往的船只皆要在此停留一下。为保漕运安全畅通，特在泰山建祠。

据咸丰《清河县志》记载：惠济祠在运口……明正德三年（1508）建，武宗南巡，驻跸词下，嘉靖初，章圣太后水殿渡河，赐黄金白银，额曰："惠济"。又如咸丰《清河县志》引刘良卿《惠济祠碑》云："正德初，道士袁洞明卜地河浒，建泰山行祠，及章圣太后有黄香白金之赐，改名惠济。于是士女香灯，远近和会。"

生性好玩好动的朱厚照在位16年，几乎有一半时间不理朝政，四处游玩。朝中大臣对他提醒不知有多少回，可他从不当一回事，还是想着法儿寻乐。他不理朝政，可坑坏了那些忠诚于他的人，让那些祸国殃民之徒有了可乘之机，试图篡权谋反。

正当朱厚照再一次想去南方游玩可又找不到理由时，忽听有人来报，说江西的宁王朱宸濠（朱元璋的七世孙，朱厚照的叔辈）趁机谋反，杀了江西要员，情况十分危急。此时正值正德十四年六月，朱厚照一听，心中万分高兴，借机可以出去玩玩了。他于八月带着娈童美姬东驾离京，去"征讨"宁王。谁知到了第三天，前线王守仁报说，宁王已被擒获。对这样的胜利，不但未让朱厚照高兴，反而让他大为扫兴。他随即将捷报压了下来，把宁王给放了。他想亲自和他一战，再将其捕获，以达"亲征""南巡"之目的。

在"征讨"宁王的返回途中，正德帝一路上不是打鸟、捕鱼，就是淫乐，走了数日才到清江浦。他知道，清江浦是个河湖池沼遍地、鱼虾丰硕肥美的地方。

他问一个姓张的太监："这里捕鱼的地方多吗？"张太监道："此处为水乡，随处都可捕到鱼的。""上回我去南征途中，在一个积水池中捕到好多鱼，那里现在的鱼多吗？""眼下是九月重阳之季，鱼还很多，而且很好捕。""那好，明天去体会一下。"

111

秋风泛起，略显凉意。正德帝刚上船，只见那么多随从跟来护卫，心中顿感不快，立刻挥下手，让他们统统离开。张太监走上前来说："万岁，无人照应，那可不行的！"

"为何不行，一人捕鱼那才叫好玩，你不必多虑。"正德帝道。

"可千万要小心，把好船橹啊！"

"放心，我知道！"

手摇船橹的朱厚照，只见池中之水在阳光的照射下显得更加有趣。他看着这条鱼游过来，又看着那条鱼游过去，不知去捕哪一条鱼是好。忽然，一条小红鱼大摇大摆地向他的小船游了过来。朱厚照看在眼里，急在心上，这么漂亮的一条鱼一定要把它逮住。眼看鱼儿靠近了，他将小网慢慢地送向小红鱼，可小红鱼掉头跑了。他气得不知所措。不一会儿，那条小红鱼又回来了。这一次，他显得很安静，等鱼儿靠到船边再下手。近了，近了，更近了，他拿起小网一用力，鱼没逮到，船儿翻了，人也栽进了水中。

"皇上，皇上！"随从们从四面跑了过来，将朱厚照救起。朱厚照笑笑说："没事的，这是我玩的一个小游戏。"随从们不再说什么。

淫乐过度的朱厚照，又在清江浦捕鱼溺水身体着了凉，回到京城一病未起，死时只有 31 岁。后来，人们把正德帝捕过鱼的这个地方叫"跃龙池"。

楚秀园

楚秀园跃龙池

景点推荐

国家 AA 级旅游风景区（点），俗称南园，占地面积48公顷。因其景色秀丽、环境幽雅，且淮安旧时属楚，故名：楚秀园。该园充分利用地形平坦、河塘纵横的特点，取水为主的布局，形成北有雷湖、南有南湖、西有西湖、中有里湖的贯通回绕水系和湖中有岛、岛内有湖、岛岛相连的优美格局，并以植物造景、点缀亭台楼榭。主要景点有：雷湖夕照、片月涵川、松楸积雪、渔歌断蒲、牧笛斜阳、竹影篁虚、千帆报望、桃李环春、尧舜天地、翠竹雕瀑、景瀑飘绢、水上杉林、湖畔走廊、清康熙诗亭、跃龙池、楚云台等。全园景观交叉重叠、错落有致。

主题特色

景观丰富、人文气息浓郁

位置定位

淮海南路东侧

楚秀园内景

乐为灾民把饭放

◎朱士元/文

清光绪三十二年（1906），岁次丙年，苏北大水成灾空前无有。春夏之交，雨水稀少，迨至端午节日午后二时，忽然大雨滂沱。下了10日，又断断续续至同年中秋节日，100天中下了70天雨，平原遍成泽国。端正节后小麦正在成熟，农人昼夜抢割。但割堆场上因无日光照晒，麦堆外普遍发芽，麦堆里亦多霉烂，锅炕火烘全无济于事。麦子既坏，粮价飞涨，农人无法生存，草根、树皮皆被吃光。未要多日，好多人已被饿死，丢弃小孩的更是不计其数，一时哀鸿遍野。

目睹眼前惨状，家住大闸口的朱久华，时为双旗杆的朱家继承人，实在是心急如焚。他决定将自家的存粮拿出来赈济灾民，以解燃眉之急。当下，他决定向灾民放饭，随即吩咐家人在中洲岛开起粥厂，砌了两口大锅，并搭起棚子。告示一贴，灾民纷至而来。不到两天工夫，灾民已来了上千人。按规定，灾民每人每天两勺稀饭，早上一勺，晚上一勺。灾民到达后，先到芦席站索芦席数张，以用于搭棚住宿之用。东起铁水之牛东，西至八面佛之西，到处都是灾民棚子。有人大约算了一下，来朱久华家吃饭的有万余人。那么多人吃饭，后锅增至10口。存粮吃完，他又到外地购买粮食。他放饭从春天一直到麦收前，也就救活了万余人。灾民回家前每人又发50斤蚕豆，以备收麦时食用。灾民临行前都跪在地上磕头谢恩。

当年，来朱久华家吃饭的除了淮阴本地人，还有从灌云、灌南、涟水逃难过来的灾民。那些人来时只听说淮阴双旗杆朱家后代放饭，一传十十传百，便携老扶幼而来。本地人都说到淮阴大太爷（人们对朱久华上辈人的称呼）家吃饭，保个性命。从灌南来的人中，有几个小孩由于实在饥饿，多吃了点干的，结果却被胀死了，令在场人都流下了眼泪。后来，凡是小孩到此，不准多吃，多顿少餐，半月后才可多吃一点。自那以后，再无小孩被胀死。从朱久华老家（新渡乡夏圩村）来的一些人，均得到朱久华很好的照顾，再没有人挨饿。他们的后人直到今天都说是淮阴的大太爷家救了他们的祖上，要不哪会有他们这些后人呢。现年70多岁的开宗祥老人回忆说，他的母亲当年就是跟大人一起到大太爷家开的粥厂吃饭的，去时连路都走不动，是大人一路背着她去的。去了以后一直到麦收才回来。那时的人都说，要不是大太爷家的粥厂，他们还不知饿死在哪儿呢。

走进今天的中洲岛，你会看到一幢幢别具一格的建筑，那美丽的夜景更会让你流连忘返。可是你可知道吗，那就是当年朱久华开粥厂的地方，那就是万条生命得到保护的地方。直到今天人们还没有忘记，也不该忘记朱久华开粥厂的善举，这种善举也一定会影响着每一个后来人。

清江浦云海

在河之洲中洲岛

◎荣根妹 / 文

很久以前，现在的中洲岛还曾是一片浩渺的水面，连接着里运河与越河。附近居民多为渔民，每日风吹浪打靠打鱼谋生，日子过得很是辛苦。每遇狂风暴雨的恶劣天气，常有渔民葬身河中。

当时有一位勤劳勇敢的小伙子，父母双亲均葬身于打鱼突遇的风浪中。为了永远记住父母的养育之恩，便改名为仲周，各取父亲母亲的姓。

仲周每日辛苦打鱼，几年下来攒了一笔钱。他打算用这笔钱为大伙在河边建一座房子，打鱼上岸后可以到房子里歇一歇、喝口茶。仲周从石码头运来石头，又从东长街买来木料等，便开始施工建设了。可刚开始第一步便遇上了难题，这里的土地根本没有办法打地基。每次打到一米多深的时候，地下水便泉一般汩汩往外涌。仲周打了一次又一次，始终没有成功。

仲周很是愁苦，又百思不得其解。一天晚上，下起了瓢泼大雨，如注的雨水像有人拿了一个巨大的盆往下倒一般。冷雨从窗户打进来淋在仲周身上，但因为白天打鱼太过劳累，他还是迷迷糊糊睡着了。梦中仲周见到了逝去的双亲，父亲拍着他的肩膀说：孩子，明天一早你撑船到河中心位置，将船抛锚固定在那里，等雨停了，你就可以在那个地方建造房子了。母亲无限心疼地看着他，慢慢回头走远了。

第二天早上，仲周撑船来到河中心位置。这时候，雨更加肆虐风也更加疯狂了，仲周整个人被淋的根本站不稳脚。大雨鞭子般打向仲周，他觉得整个人都被风雨包围了，连眼睛都无法睁开。但想起父亲的话语、母亲的眼神，仲周一次次从风雨中站起来，将手中的锚一回回抛向岸边。一次、两次，十次、二十次，一百次、两百次，不知多少次的用力抛掷，就在仲周感觉自己快要被风雨彻底吞噬的时候，船锚终于稳稳落在了河岸的土地上。就在那一刹，船锚仿佛是连接河水与河岸的长堤，船下的河水缓缓呈现土地的模样，只一会功夫便形成一个圆形的小岛，长长的与河岸相接，可仲周却永远倒在那片小岛上。

后来，人们为了纪念仲周，就把小岛命名为中洲岛，人们打鱼从此有了落脚生根的地方。如今，这座小岛已成为清江浦的一块风水宝地，岛上建起了曲艺馆、记忆馆，不仅是人们休闲娱乐的风景地，也是运河风光带闪亮的文化栖息地。

梅花香自苦寒来

文化长廊景区图

贰

景点推荐

清江浦景区，位于里运河文化长廊"起（清江浦）、承（漕运城）、转（山阳湖）、和（河下镇）"四大片区的"起点"大闸口地段。范围西至清江大闸，东到越秀桥，南边至轮埠路，北边至圩北路南（不含美食街）。这里集淮安地方文化特色和古运河水景于一体，揽自然景观和人文景观于一处，是具有浓厚运河文化特征、浓烈地方文化气息、浓

郁生态园林特色的博物馆群、国家 4A 级旅游景区、淮安市优秀外宣基地。"南船北马，舍舟登陆"石碑昭示着昔日的繁荣，清江大闸、陈潘二公祠、吴公祠、斗姥宫、御码头等运河文化遗存给运河之都平添了庄重和传奇色彩，中洲岛上的系列文化展馆（清江浦记忆馆、戏曲馆、名人馆、清江浦楼）彰显了全国历史文化名城淮安的无穷魅力。

主题特色

文化栖息地、休闲娱乐处

位置定位

里运河文化长廊景区

117

古庄牛生态公园：四月园林春去后。深深密幄阴初茂。折得花枝犹在手。香满袖。叶间梅子青如豆。风雨时时添气候。成行新笋霜筠厚。题就送春诗几首。聊对酒。樱桃色照银盘溜。

草莓仙子

◎荣根妹 / 文

古庄牛生态休闲庄园

很久以前，古庄牛是个美丽的村庄，树林深处花海繁盛。如果在一个惬意的午后，躺在树林中的草地上，望着彩云之巅的辽阔天际，神思缥缈处，一念彩云纷飞。更为美妙的是，这个地方生长野草莓，一到春天，野地里便冒出一簇簇鲜红诱人的草莓。这里的人们整个春天都在享受草莓鲜甜的滋味，日子也像草莓般美好新鲜，百般滋味回味不尽。

村庄里有个叫黄明的小伙子，尤其喜爱草莓，自家屋前屋后空地上全部种上草莓。只要一听说有好的草莓品种，就一定买回来种上。

有一年春天里的一天，一位京城来的客人专门来黄明家买草莓，并说他表亲家有一种草莓，粒大饱满、味美尤鲜。黄明一听便动了心，当即整理行装跟从来客到京城。到了京城，这个客人的表亲告诉他：草莓是有灵性的物种，各样品种各有各的好，关键在于人的培育。黄明和这个人谈论起草莓的种植技法，收获很多。

这个人家中恰有一个女儿，名曰红玉，年方二八，身材婀娜，脸蛋似草莓般红润鲜嫩。见黄明英俊潇洒，性格执著憨厚，便悄悄与黄明许了终身。过了几日，竟随黄明一起回了古庄牛。

回到家，黄明与红玉便办了婚事，搬至父母家南面空地的三间小房子里，将周边空地全部种上带回来的草莓种。夫妻二人每日一起料理草莓，日子过得很是和美。一年后便添了个女儿。

第二年春天来临的时候，他们的草莓获得了丰收。家门前喧哗如同闹市，前来买草莓的人，车装的、肩挑的，络绎不绝。庄子里的马才子看到这一幕心生炉忌。一天夜深人静时分，马才子带了一伙人，连拔带铲毁坏了草莓。

第二天，黄明看到草莓有的被连根拔起，有的被铲了半截，大哭流泪，心痛不已。这样一连多日，茶饭不思，竟至卧床不起。红玉很是伤心，日日以泪洗面。一个凄凉的雨夜，红玉望着卧病在床的丈夫、睡梦中的女儿，对着幽暗的窗户，眼泪禁不住地往下流。忽然一阵风声，一位仙风道骨的老人出现在眼前，捋了一把长长的胡子开口说道：只要感情到达了极点，便可通神。我是天上的神仙，被你的深情感动，愿拯救你的相公与草莓。红玉听了又惊讶又高兴，忙请神仙搭救。神仙道：此法还需要你的真情方能奏效啊！红玉忙问：如何搭救。神仙缓缓道出：需你的心头之血方能拯救这一切。

红玉奉献了自己的一颗真心，终于使得黄明与草莓复活。活过来的草莓比以前更加红艳，口感也更加爽甜。黄明一个人带着女儿，一年又一年，培植着草莓，直到将整个古庄牛都变成了草莓的世界。

现在人们都说，红玉并未死去，是随着神仙老人去了仙界成了草莓仙子。因为人们都相信，如有至情，便能坚贞相爱；唯有至情之人，种植出的草莓才最鲜红饱满。

古庄牛生态休闲庄园

景点推荐
古庄牛生态休闲庄园集休闲娱乐、乡村观光、果蔬采摘、生活体验与一体

位置定位
和平镇古庄牛村

主题特色
城郊生态农业旅游区

小小浦楼酱油 为老百姓请命

◎安俊 / 文

清道光十五年（1835），秋日的阳光照在清江浦西门外的大运河上，泛起粼粼波光。大运河码头熙熙攘攘，热闹非凡，一艘外表看起来很普通的装满货物的大船正在靠岸，船舱里有一个人在招呼着几个伙计不停地忙活着。这个人叫何视云，身怀酱油酿造绝技。他此次进清江浦城担负着开疆拓土的重任，看重了清江浦因漕运和盐务带来的繁华商机，遂举家迁徙至清江浦，在标志性建筑"清江浦楼"东南侧荷花池置地建房、买缸雇人，于是就有了"浦楼酱园"字号的诞生。

何视云考虑到本地淮扬菜讲究"和精清新、妙契众口"，决定顺势而为，改良传统酿艺，以优质的纯小麦粉为原料，

发明了"白汤酱油"，它比黄豆酱油色淡、味香、入口甜美，一经推出，便叫响清江浦两岸。在何视云 10 多年的苦心经营下，酱园的资本金增长 20 多倍，规模由一个小小的店铺作坊发展成一个大型手工业工场，成为清江浦独一无二的大字号。

此刻，清河知县吴棠正在为向恩师、也是漕运总督杨殿邦汇报工作时带何种礼物最合适而发愁，吴棠身边一位幕僚说道："大人，属下听闻杨总督已年近八旬，意欲告老还乡，此次巡察之际，您何不以清江浦特色的'浦楼酱园'酱油腌渍的'雀头萝卜'进献，又嫩又红，让老总督胃口大开，暂解思乡之情，更浇心中块垒。"吴棠心中思

现浦楼酱油厂生产图

忖，说道："此言不假。"于是，他派人到酱园店买来"雀头萝卜"，准备去往总督漕舟。而杨总督这时正坐在船头遥望着两岸的平畴，不禁想起老家纵横的阡陌、起伏的山峦，再回望自己40余年仕途，一丝倦意油然而生。但他很快就听到了乡音，原来是自己的得意门生、清河知县吴棠来了。他对吴棠很满意，视为衣钵传人一再提携。吴棠的父亲也一同前来，虽比自己小三岁，亦已白发苍苍。

杨总督品尝了学生带来的"雀头萝卜"，觉得既嫩又脆、又香且甜，问学生何以如此可口。吴知县答道："不瞒恩师，其皆源自浦楼酱油之功。用精制小麦粉之好料，制好曲；以陶制老缸晒好酱，并起好油、配好油，更须春落曲、夏晒油、秋起抽，方可成就其色如油、甜又香、挂碗边之效。"杨总督点点头，但又疑惑地问道："何以萝卜这么小呢？"吴棠借此进言："学生治下土地脊薄，且遭受灾荒，五谷收成差，蔬菜萝卜亦不大，且赋税太大，高出邻县一倍之多。黎民百姓与学生均盼望圣上可否为其减免赋税？"总督大人提议翌日将这浦楼酱油腌渍的"雀头萝卜"运至京城进献给圣上。吴棠遂命人将萝卜装入4个描花细瓷坛中，以荷叶泥封上口，还捎带了酱花生仁的半成品，

边走边加工以便抵达京城之日即出缸之时，还随附恩师的奏折一并呈上。后来听闻圣上得知此等佳肴乃在纯天然环境下，采日月之精华，经半年日晒夜露及工人劳作，并品尝了一下，顿觉满心舒服，当即御笔一挥，批谕户部操办减免清河一半税赋事宜。从此，"为民请命"的浦楼酱油这一淮安特产、味中一绝名扬九州。

古淮河生态公园

古淮河

朝朝暮暮灵鹊湖

◎荣根妹 / 文

很久以前，一位僧人从遥远的西方来到清江浦要建一座寺庙。僧人选定现在的古淮河生态公园，觉得此地视野豁朗、自然生态风光优美。僧人边走边欣赏风景，忽被脚下一蓬枯草绊住去路，低头查看，原来是些喜鹊的羽毛和尸体残骸。僧人不解，便去询问附近的百姓。老百姓说，这是黄鼠狼干的。古淮河生态公园天然植被丰厚、树木成林，加上河水鱼虾丰富、食物充足。每年冬天，总有成群

古淮河生态公园

的喜鹊来这里越冬。然而附近藏着不少黄鼠狼，不少喜鹊就成为黄鼠狼的美餐。

　　知晓事情原委，僧人环顾四周，发现古淮河水域狭长，呈东西走向。僧人想到一个主意，朝东岸走去。来到岸边后，僧人左脚站着，抬起右脚在水面轻轻踩了一下，前方不远处就出现一座脚底形的岛。有了这个小岛以后，喜鹊纷纷飞到这个新的小岛上，那些专门偷袭喜鹊的黄鼠狼却没法

过来，只能眼睁睁看着喜鹊栖息游乐，再也不能为害了。人们为了铭记僧人的恩德，就把这片水面叫做"灵鹊湖"。

　　古老的民间故事中，喜鹊本就寓意喜庆与欢乐，还有鹊桥相会的美丽故事。如今，灵鹊湖成了青年男女的定情之湖，传说若用湖中之水清洗双手双足，这对青年男女就会永远执子之手、相伴相携。

古淮河生态公园灵鹊湖

身无彩凤双飞翼，心有灵犀一点通。

灵犀桥下情相拥

◎朱士元 / 文

古淮河生态公园灵犀桥

清光绪年间，查畹香是清江浦出了名的才女。自小随父母居住苏州的查畹香，其父饱读诗书，仕途却很不得意，便在学宫里当起了学官。查畹香受到父亲的影响，学习特别用功，加上她聪慧过人，很小就能诗善文。父母视她为掌上明珠，疼爱有加。她看到父亲与母亲相爱如宾，很受感动。她常想，我将来也能找一个爱我的郎君吗？就在这时，有一个人令她的心口"扑扑"直跳。她常在梦里与他在一起有说有笑，还互为赠诗。不过，这只是个梦，还不是现实。

梦中的人是谁呢？那个人就是山阳人杨鼎来。杨鼎来的父亲是孝廉，也在苏州学宫里任学官，与查畹香的父亲是同事，还是要好的朋友。杨鼎来才华出众，是个有抱负的年轻人。杨鼎来在与查畹香接触中，深深地爱上了她。其实，查畹香根本配不上杨鼎来。她长有满脸雀斑，身材瘦长，额骨又高，在女子中算是一个较丑的长相。可杨鼎来对查畹香的文才十分钦佩，更对她的为人所感动，便深深爱上了查畹香。

走在学宫旁边花园里的杨鼎来对查畹香说："畹香，你看这花丛上面的对对蝴蝶多像我们两个人。"畹香抬头朝鼎来看了一眼说："你愿意做这样的蝴蝶吗？""我愿意，我当然愿意。""你愿意那只丑蝴蝶和你在一起吗？""世上没有丑蝴蝶，只有真情相爱的蝴蝶。""我是只什么样的蝴蝶呢？""你有真才，你有真情。"说着，两个人相拥到一起。

正当两人沉浸在难以割舍的爱河时，查父将畹香许配给了京城做官的潘祖来，把这一对鸳鸯给拆散了。查畹香在京城里过的一直是闷闷不乐的日子，她每天都在思念自己心爱的人。可嫁鸡随鸡，嫁狗随狗，那是一点办法也没有的。查畹香常常背地里偷偷落泪。她想得到鼎来的一些消息，可一直无影无踪。时隔不久，杨度的考场作弊案，潘祖来也被卷了进去，被朝廷削官后流放到辽东。

孤苦伶仃的查畹香不觉怀念起自己的初恋情人，便偷

128

灵犀桥

偷地写了一封倾诉衷肠的长信，请人转交给杨鼎来。不忘旧情，一直未娶的杨鼎来看了信以后泪如雨下。他思念情切，立马去了京城，偷偷地将查畹香接了回来，住到了清江城内。此时，两个人形影相随，如胶似漆。一对被拆散的鸳鸯重新相聚，怎能不相敬相爱呢。查畹香的做法遭到了世人白眼，认为他们有伤风俗。查畹香一点也不在乎，只要做好杨鼎来的妻子就行了。

时隔不久，查畹香对丈夫杨鼎来说："你永远爱我吗？"杨鼎来看她问得奇怪，便反问道："你说呢？""你要真爱我，就去考个功名。""好，你的话正合我意。"得到妻子的鼓励，杨鼎来日夜苦读，一定要让畹香不失望。

没有死于辽东的潘祖来，得赦后又回到了京城。他见妻子与杨鼎来私奔，恨不得一刀将他们剁成肉泥。他听说杨鼎来要来京赶考，认为报复的机会到了。他对在京的好友、亲戚逐一相告，要阻止杨鼎来考中。其中一个说："只

要他到了京城，就叫他有来无回！"众人随和道："定叫他有来无回！"

对于潘祖来的一举一动，查畹香早已得到京城里的人密报。查畹香为保丈夫安全，并能确保丈夫考中，她对杨鼎来的吃住行做了周密的安排。更让人无法想象的是，她要丈夫答卷时，写字不用阳涧体，改用南宫体，也好瞒过考官的眼睛。因为清代考券不署名只写编号号码。没想到，杨鼎来逃过了考官的报复，考上第九名。

轰动清河县的杨鼎来，一下子成了人们的荣耀。多少年来，清河一直无人考入前十名。朝廷让他出来做官，被他婉拒。他宁愿守在妻子身旁过清贫的日子。后来，他们在古淮河畔办起了私塾，查畹香打破常规，招了好几个女生授以诗文。查畹香在授业解惑之时，还创作了《落珠集》一书，备受人喜爱，至今还有很多读者。51岁那年，查畹香得了一场病而故。她死后被安葬在古淮河的灵犀桥下。

狂歌痛饮，来访雁丘处。

天南地北双飞客

◎荣根妹／文

大雁是候鸟，古人认为大雁冬去春归，信也；大雁南飞的时候排成整齐的雁阵，礼也；大雁晚上休息的时候是有放哨的，智也；同伴受伤了也不离弃，义也。因为大雁往返有期，从不失约，故此，人们就将大雁比做"'飞鸿'"、"'鸿书'"等。

同时，大雁在动物中是对爱情忠贞不渝的楷模。相传

古淮河

有这么个故事：金章宗泰和五年，年仅16岁的年轻诗人元好问，在赴并州应试途中，遇见一猎人正在射空中一对自由翱翔的大雁，其中一只随着猎人手中射出的箭应声而落，另一只在半空中久久悲鸣盘旋不肯离去，忽然间俯冲直下，一头栽到地面气绝身亡。元好问见此感慨万分，扁毛畜生尚且如此钟情，便花钱将这对大雁买下葬于土岗，取名：雁丘。并写了一首脍炙人口的词《摸鱼儿·雁丘词》，开头就是那句人们耳熟能详的："问世间情为何物，直教人生死相许。"全词运用比喻、拟人等手法，以雁拟人，紧紧围绕"情"字，写情写景融为一体，无比深情地缓缓道出，双雁竟比人间痴情儿女更加痴情。相依相伴、形影不离的情侣已逝，真情的雁儿心里应该知道，此去万里前程渺渺路漫漫。每年寒暑飞万里越千山，晨风暮雪，失去一生的至爱，形单影只，即使苟且活下去又有什么意思呢。殉情的大雁嘶吼化为一杯尘土，将会留得生前身后名，与世长存。

因为古淮河生态公园是以爱情为主题的公园，所以特意修建了寓意美好爱情的双雁湖。

南北地理分界点

古淮河

景点推荐

古淮河生态公园占地800余亩，充分利用原有的地形地貌、天然植被及人工意杨林，深入挖掘古淮河文化底蕴，并与周边的婚俗馆、教堂形成呼应，是一个以婚庆文化为主的原生态公园。公园分为4个功能区。湿地互动区：主要为游人提供亲水空间、水上漂流、划船垂钓、休闲烧烤等；主要景点有旖旎桥、灵鹊湖、双雁湖、同船渡、青浦宫、灵犀桥、漱玉溪、情相涌、莲子亭等。拓展健身区：位于公园中心偏南部区域，主要为游人提供健身、训练及集体性活动空间；主要景点有缘定桥、执子之手、连理脉、缱绻桥等。同心纪念区：位于公园东南角区域，结合区域中原有人工栽植的意杨林，为身居闹市中的游人提供原生态的氧吧，情侣们可在情人节、七夕及各纪念日种植同心树、定缘树、许愿树，在形成人与自然互动的同时也为公园添绿添彩；主要景点有同心林、并蒂廊、许愿树、淮风台、双凫桥、同心广场等。古河堤风貌区：位于公园北部紧邻古淮河区域，主要为游人提供观赏风貌、亲水互动、领略自然生态风光的场所，沿途设置廊架、亭榭引人驻足停留、拍照、写生；主要景点有鹊仙引渡、鹊桥、比翼亭、合欢亭、凤凰廊、和瑟桥、鸣琴亭、琴瑟和乐亭、千年渡等。

主题特色

爱情主线、生态背景

位置定位

古淮河畔

清江浦婚俗图

古淮河生态公园同心广场

清江浦婚俗图

古淮河生态公园旖旎桥

韩母墓:韩生高才跨一世,刘项存亡翻手耳。

韩信葬母得宝地

◎朱士元 / 文

　　韩信的父母在兵荒马乱中从河南逃难到清江浦南边的八里庄。在那里,韩信的父亲用茅草和木棍搭起两间小草屋,定居下来。由于没有田地耕种,他们常常靠乞讨为生,苦度日月。

　　时间一天天过去,韩信出生了。韩信出生以后,韩信的父母在不远处开了块荒地耕种,收到了粮食,生活有了着落。劳作之余,韩信的父亲常教小韩信舞枪弄棒。韩信对父亲的教导领悟非常快,很快就掌握了父亲所教的要领。当父亲将其本领教完后,又请来武士对韩信进行教习。由于韩信脑子灵,又肯用功夫,很快学到了一身真武功。他常常身挎一把大刀耍来耍去,刀法与功夫同时长进。与此同时,他还学得了一些兵法。

　　韩信六七岁时,父亲便病逝了。韩信懂事早,不让母亲干多少农活,只要自己能干的活都不让母亲干。母亲看儿子从小就这样孝顺,更加疼爱。母子生活在一起,尽管生活苦些,但很快乐。韩信的母亲还常常请一些名人来指点韩信,让韩信的学业大有长进。

　　一天,韩信又到田里去干活。他走到淮水东岸的一棵大柳树旁,只见两个风水先生在说话,便往旁边一蹲,静静地听着两个人的对话。一位白发苍苍的老者说:"贤弟,你看,这里四面环水,中间一马平川,可是块风水宝地。将来谁家的祖坟葬在这里,后代不做皇帝就做宰相。"另一位胡须很长的老者笑了笑说:"仁兄,此话差矣。这里四面环水,是块水冲头的杀地,谁家的祖坟葬在这里谁家倒霉。""贤弟,你这话说的就不对了,你从南北东西走向看一看,怎么看是块风水宝地啊。我可告诉你,你今天晚上要是拿两个鸡蛋来放在这里,到明天早晨太阳出时便会有两只小鸡长出来。""仁兄啊,你这真是大笑话,没有母鸡抱,鸡蛋里怎么会长出小鸡来呢?""贤弟,这还用说吗?正因为这是块风水宝地,才会长出小鸡来的。""你越说让我越糊涂,要是能真像你说的那样,我们现在就验证。""那好!"

　　两位风水先生为争个高低,一同来到附近的村上,找了两个鸡蛋回来,放到了那块风水宝地之上。两人约定,明天早晨在太阳出时到这里来看个究竟。如果小鸡从鸡蛋里出来就证明是块风水宝地,若出不了小鸡,就说明是块杀地。

　　蹲在一旁的韩信,听了两位仙人的对话,顿感惊讶。他想,两位仙人说的是真是假,待我到明天早晨太阳出之前赶到这里,便能验证。若是真的,将来就把母亲葬在这

里，我以后定成为国家的顶梁柱。

第二天早晨，东方刚露鱼肚白，韩信便来到那块风水宝地上。他到了那里一看，惊呆了，只见两只小鸡，正在啄着蛋壳，还"叽叽"地叫着。看到此景，韩信将从家中带来的两个鸡蛋放在一边，把两只小鸡连同蛋壳一起抓在手中拿走了。韩信边走边想，我把这两只小鸡放在家里，破了那两位仙人的神算，再不让别人知道这是块风水宝地，将来便成为我家的祖坟之地。

就在韩信刚刚离开风水宝地不多时，两位仙人便来到此处。他们将鸡蛋拿起一看，那位白发苍苍的老者顿感蹊跷，随手将鸡蛋打开，只见里面已经半生半熟，不觉叹了一口气。那位长着长胡须的贤弟说："仁兄啊，我说不错吧。"仁兄只好点了点头，随后便与贤弟过了淮水，一起向县城码头走去。

没过两年，韩信的母亲死了，韩信便把母亲安葬在那块风水宝地之上。自葬了母亲之后，韩信一波三折，终究投奔到刘邦的军队里去了。到了军队以后，他充分施展了自己的才华，被拜为大将军，一直帮刘邦打下了天下，成为兴汉"三杰"。在此期间，韩信母亲的坟墓日渐增长，一直长有20米高。当地人都说，这确实是一块风水宝地。

就在韩信被拜为大将军以后，曾路过那块风水宝地的两位仙人，又来到那块风水宝地旁。他们到此一看，只见一座坟陵足有20多米高。那位仁兄便对贤弟说："我说是块风水宝地，你今天见了可相信吧。"贤弟点点头道："那我们的两只小鸡到哪儿去了呢？""是啊，我们当时在谈话间，弄不好肯定有人在一旁偷听。""对，我们不如到庄上去打听打听，问个究竟。""好，那我们就去打听打听。"

两位仙人到庄上一问，便知是韩信母亲之墓。后来一想，他们两人在谈话时，确有一个少年蹲在大树旁，在听他们说话，谁知那就是韩信。那位仁兄对贤弟说："韩信已经做了大将统领百万大军，为刘邦建立汉朝立下了世人敬仰的功勋。不过，他也只能到此为止，我们就让他活到38岁。另外，他母亲的坟也就长到这么高为止，不可再长高了。"贤弟道："应该，应该！"

后来，韩信38岁那年被吕后斩于长乐钟室。韩母墓直到现在也没有再长高。

贰

一握寒天草木深，路人犹说汉淮阴。

"清水墩"的传说

◎荣根妹 / 文

韩母墓俗称"清水墩"，位于清江浦区城南，经过两千多年风雨的侵蚀，墓仍高 8 米，底直径达 20 米，未有损减。

韩信年幼时，父亲被秦军征召参军，到边关打仗。那时连年征战，举国上下苦不堪言。韩信父亲是个下层军官，为人豪爽，爱读兵书，初始韩家在淮阴倒也算得上簪缨之家。怎奈几年后，韩信父亲战死，家中失去顶梁柱，田园逐步荒芜。

韩母去世时，韩信按照本地风俗，停摆三天、焚烧纸钱。当时的韩信两手空空，连买一张芦席的铜钱都没有，不禁悲从中来。第三天早上该出殡了，韩信只身背起母亲朝十里外的荒地走去。秦时的清江浦城东南，有一块几十里方圆的荒芜土地，原本无人耕种，加上战乱连连，变成了一片荒坟岗。韩信背着母亲，未出三里，天气突变，乌

云陡暗、雷声大作，紧接着豆大的雨点劈头盖脸打了下来，原本硬实的黄油泥路一下子变成了滑油滩。韩信一路滑跌了好多跟头，才把母亲背到十里荒。他放下母亲，顺着哗哗水流的走势，终于在一高处找到了父亲的坟墓。他取出佩剑，开始挖坑，挖着挖着，突然一声惊雷裹着闪电在头顶炸起，韩信两眼一黑昏死过去。等韩信醒来大雨已停，睁眼只见父亲的坟堆被炸开一个大大的裂缝，正好可以安葬母亲。韩信抱着母亲放到坑内，又从高坡处捧土把母亲埋好，跪在地上给父母磕了三个头。

第二天一早，韩信拿了一把锹，赶往母亲的坟地，却发现原本平平的坟堆已经长成高数十丈的坟山。后来人们传说韩信的父亲母亲葬在了龙背上，正因如此，后来韩信被封齐王、楚王。又因韩信在给父母亲坟山盖土时，从高处取土破了龙脉，所以被降为淮阴侯，最后死于长乐宫。

清江浦故事

里运河文化长廊

沸腾的运河

1. 国际摄影艺术馆
2. 城市化史馆
3. 长荣大剧院
4. 韩信广场
5. 西游记博览馆

景点推荐

汉初大军事家韩信母亲之墓,北距韩信城2．5公里。司马迁当年游历时,曾亲赴淮阴凭吊韩母墓。现韩母墓墓墩仍很高大坚实,南北长25.8米,东西长26.4米,高8米,从剖面看封土共分三层,均用白膏泥与红烧土夯筑,可见此墓非一次筑成。墓的形制为大型土坑竖穴木椁墓,具有楚墓的营造风格,具有较高的历史研究价值。

主题特色

真实历史与玄幻色彩

位置定位

清江浦区城南街道先锋村东南

铁水牛

铁水牛镇河妖

◎金淮莲 / 文

铁水牛

　　清江浦北边的古黄河（又称废黄河、黄河故道）从前经常闹水灾。有一年夏天的一个夜晚，古黄河两岸一场瓢泼大雨突然而降，一会儿电闪雷鸣，一会儿风雨交加，高大的树木被刮得东倒西歪，河水挟裹着树木、庄稼奔腾而下。人们拖儿携女，不顾一切往高处奔跑。滂沱大雨不停，门前的路很快变成了泽国，不知多少房屋被冲垮，多少性命被吞没，也不知有多少牲畜、财物被卷走，多少庄稼转瞬即逝。原来近在咫尺的两岸，刹那间远如天涯，人们望河而泣。

　　就在关键时刻，居住在东长街娃娃井的金娃为了寻找原因，来到黄河边察看，原来是有一条很长很长的白龙在作怪。金娃忙去钵池山寻找仙界"四大天师之首"张天师想办法。张天师告诉金娃，赶快找铁匠铸造铁水牛镇住它。得到张天师的指点，金娃急忙去找县令。县令立刻命令全城铁匠，连夜集中到古黄河边上共铸铁水牛。

　　老百姓听说此事后，冒着大雨为铁匠们搭起了高大的帐篷。铁匠们有的忙着制作模型，有的挥起大锤，有的烧着锅炉……经过一昼夜的奋战，一头高大肥壮的铁水牛制造出来了。

　　这时候，一条白龙从上游飞腾而来，发现河堤南边隐约有一头水牛卧在那里。它欣喜若狂，甩动着长长的身子一跃而起，张开血盆大口，猛地一下将水牛吞进了肚子里。白龙吞下了水牛后，感到腹部疼痛难忍，它的身子上下翻腾，咆哮着猛地张开大口，用力将水牛吐了出来，接着就往古黄河的下游方向逃离。瞬间，古黄河的水都变得通红。直到现在，铁水牛的两角还留着白龙的血迹。

　　人们为了纪念铁匠铸造铁水牛镇妖，便将这座铁水牛永久保存于古黄河南岸供人们观赏。以后，又成为历代测量古黄河水位的重要依据。如今，大同东路上还有一个公交站台叫铁水牛站。

仙女下凡七里墩

◎朱士元 / 文

七里墩在清江浦南，听当地老人讲，这七里墩可有一段神奇的色彩呢。

那年韩信冤死，惊动了天庭，玉皇大帝十分爱惜人才，为初汉三杰的韩信之死深为惋惜，对施计杀害韩信的吕后万分痛恨。当下决定派自己心爱的7位仙女下凡，去到人间为韩信之母进行祭拜。仙女们听说父皇要派她们到人间祭拜韩信之母，个个高兴得手舞足蹈。她们早就有到人间一游的想法，可就是找不到机会。

清明节说到就到，七位仙女手拿祭品，飘飘然来到了人间。离韩母墓约莫7里地的地方，天空突然狂风大作，暴雨如注。转眼间，眼前一片汪洋。就在这时，从远处漂来一条小船，上面坐着衣衫不整的要饭花子。小船漂到7位姑娘面前，让其上船。7位姑娘刚上船，风停了，雨也停了，只那水倒是不停往上涨。为有块立足之地，姑娘们弯下身子，每人从水中捞一把土，往一处扔去。顿时，她

们身旁现出了一个小土堆。姑娘们又是蹦又是跳的，欢喜的不得了。又过了一会儿，大水开始慢慢退去。三妹走过来对大姐姐说："我们不如请这讨饭船夫为我们引路，先到韩母墓焚纸祭拜后再来玩耍多好？"大姐回道："好，就这么着！"众姐妹随讨饭船夫一直来到韩母墓前，摆上供品，点纸祭拜，还磕了头。

正要往回走时，七妹突然问讨饭船夫："父皇如此敬重韩信，他到底是什么样的人物，你能说给我们听听吗？"讨饭船失清了清嗓子说："要说这韩信是何等人呢，还得我慢慢道来。"

要说这韩信呢，出生在兵荒马乱的淮阴故城八里庄。韩信出生以后，韩信的父母在不远处开了块荒地耕种，收获了一些粮食，生活有了着落。劳作之余，韩信的父亲常教小韩信舞枪弄棒。韩信对父亲的教导领悟非常快，转眼之间就掌握了父亲所教的要领。当父亲将其本领教完后，

古城清江浦

又请来武士对韩信进行教习。由于韩信脑子灵，又肯用功夫，很快学到了一身真武艺。他常常身挎一把大刀耍来耍去，刀法与功夫同时长进。与此同时，他还学得了一些兵法。

韩信的父母死后，韩信成了孤儿。他不会谋生，只好经常到村里的人家讨饭吃，人们都讨厌他。他后又到南昌亭长家帮做些事，混口饭吃。时间一长，亭长老婆也讨厌他。无奈之下，韩信只好到淮河边钓鱼谋生。刚开始还可以，可后来连一条小鱼也钓不到。一天，他饿的撑不起腰昏倒在岸上。河边有位洗衣服的漂母见了，把自己洗衣挣来的饭分给韩信吃。一连数日都是如此。韩信感激不已，向漂母表示，将来一定要报答老人家。漂母听了立刻拉下脸来说，我是可怜你自己不能养活自己，谁指望你报答呢。听了这话，韩信无地自容，十分惭愧。后来，他在漂母的激励下，投军去了。

韩信先是投到项梁起义军中。项梁死了，韩信又归属项羽，被任职为郎中。他几次给项羽出谋献策，项羽都没有采纳。后来韩信离楚归汉，起初也没有得到重用，只做个管理粮仓的小官。后来，韩信在萧何的举荐之下，刘邦为其筑坛拜将，他才得以施展抱负。刘邦按照韩信的谋略，东出陈仓，一举平定了三秦。后来又接连打了大胜仗，最后把项羽逼死乌江口，让刘邦夺得了天下。韩信成了刘邦夺天下的大功臣，成为了"国士无双"的帅才。就在国泰民安之时，吕后害怕韩信造反，设计将韩信杀害。你说，

这吕后多坏。我们知道玉皇大帝爱才如命，才派你们来为韩信之母扫墓的。

"难怪父皇如此钟爱韩信，原来他是个大英雄呢。"五妹说道。"这人间，英俊才子一定不少呢。"七妹接着说。"那我们就多留些时日，多看看这人间美景，也不枉来此一趟。"二姐接着说。"那好，我们就在人间就多留几日。"大姐发话道。

来到小土堆前，三姐施起了法术，一处漂亮的小屋呈现在眼前。她们进得屋中，吃的、睡的、梳妆打扮的一应俱全，个个都笑开了花。白天她们到处游玩，晚上聚到一起说笑。夜深人静之时，七妹倒是思念起为她们引路讲故事的讨饭花子。心想，他心眼好，人实在，要是能和他在一起多好啊。夜深了，七妹悄悄地来到小船上与讨饭花子相会。那讨饭花子也正在思念七妹呢。二人相见很快相拥到一起，缠绵之情真是难舍难分。

不一日，玉皇大帝接报，说七位仙女下凡至今未归，怕有不轨之行出现。玉皇大帝得到提醒，立即传旨，让七位仙女速速回宫。父皇之命难违，七位仙女恋恋不舍地离开人间。那七妹一路上泪如雨下，怎么也割舍不下那讨饭花子。讨饭花子因思念七妹，收拾起自己的家当来到小土堆前居住。不过，那小土堆年年看长，一直长成了大土墩。后来人们把那大土墩称叫"七里墩"。

蝈蝈庙的传说

◎荣根妹 / 文

传说，清代的时候，现在的古淮河生态公园内有一座蝈蝈庙。初始香火鼎盛，后来有人传说看见里面有两条"长虫"（古代对蟒蛇另一种说法），长约丈二，吓得香客们都不敢进入，僧人也纷纷离开此庙。每到傍晚，两条蟒蛇便发出此起彼伏"蝈蝈"的叫声（蝈蝈庙也因此而来），此庙逐渐荒废下来。

两条蟒蛇并没有危害乡里，经常有人看见它们形影相随，仿佛恩爱夫妻一样。周边田野糟蹋庄稼的老鼠都没了踪迹，于是人们开始对蟒蛇顶礼膜拜起来。善男信女们又去烧香礼拜，蝈蝈庙恢复了往日的香火。大家都说是这两条蟒蛇带来了风调雨顺、五谷丰登。还有人说有皮肤顽疾的人到庙里烧香，皮肤便会痊愈，引得外阜善男信女也纷纷前来烧香膜拜。都说树大招风，不久就有好事者要来揭秘这个神奇。

这个好事者是一个专门捉拿蟒蛇的山东人。来了之后，在村口支起灶熬制什么独门药品，味道散播到村庄的每个角落。他把熬制的草药裹在一根木棒的一端，背了一个大大的口袋直奔蝈蝈庙。他沿着大蟒出没的路线，把大口袋的草药散落开来，仿佛形成一个包围圈，静等大蟒自投罗网。

大蟒应该意识到危险，半个多月没有露面，最终还是不得不出来觅食。游动的身躯刚一露头，山东人就拿起手中带草药的木棒，直奔其中一条大蟒而去。大蟒回头张开大口意图防卫，大嘴一张开，山东人就将带草药的木棒一端塞进了大蟒口中，大蟒立即瘫软了下来，随即被这位山东人装进了大口袋。另一条大蟒迅速逃走，不见了踪迹。山东人背着沉重的口袋扬长而去，不知所往。

约莫过了半个多月，每到傍晚时分，蝈蝈庙里便响起一条大蟒凄厉的"蝈蝈"叫声。有人说是公的大蟒被山东人逮走了，母的大蟒在呼唤。后来一个风雨交加的晚上，蝈蝈庙一角轰然倒塌，据说就是当初两条大蟒栖身的地方。

古城清江浦

大王庙的故事

◎朱士元／文

古黄河生态民俗园依黄河设置布景，园内沟壑纵横，乔林掩映。春暖花开时万花竞放，芳草如茵；金秋收获时硕果满枝，繁盛可观。很早以前，离这里不远处有一座大王庙，据说是明朝时建造的。

相传元朝末年，金兵、元兵在中原南方疆土上烧杀抢掠，激起了天下黎民的极大义愤，很多地方农民揭竿而起抗击元兵。当时一位浙江会稽的农民领袖叫黄守才，他率领起义的农民顽强拼搏，一直打过黄河，后来在河南的黄河中战死。临死时他嘱告将士说，我死后，你们要团结一心，血战到底。并道，将来黄河倒流之日，即是吾报效国家之时。

黄守才死后，幸存下来的士兵们因力量薄弱便投到朱元璋麾下。后来，朱元璋与元军奋战至河南，终因缺少战车而被元军甩掉，对此朱元璋十分恼怒。这日夜间忽作一梦，见到逆流而上的黄守才对他说，大王不必恼怒，只要大王有血战到底的决心，将来天下一定属于你。大王可多备些船只，从水上追赶定会大获全胜！一梦之后，朱元璋精神倍增。第二天一早，就召集徐达等人速备船只，从水上追赶元兵。后来经全力以赴备齐了船只，选择夕下时辰启程追赶元兵。临行时，朱元璋面对着滔滔的黄河祈祷神灵保佑。祷毕，忽见大风掉转了方向，滔滔黄河水开始逆流。此时朱元璋欣喜万分，忙令打起风帆穷追元兵。五

更时分，船已行了百余里。前面探说，元军帐篷皆设在岸上。朱元璋听后一声令下，拉帆停船，上岸打杀。这时，船上所有将士火速上岸，冲进敌营。元军还在朦胧之中被杀死大半，余孽溃逃而去。朱元璋打了胜仗喜不自胜，携带一班将领，面向黄河大拜祈祷，多谢大王神佑，日后天下安定，吾必建祠立庙，永垂祭祀。

后来朱元璋得了天下后，首先在河南黄河岸上建造了一座大王庙。永乐年间又在淮安境内的黄河、运河旁各建造了一座大王庙。乾隆三年时，黄河旁边的大王庙又进行了修缮，并重立匾额。从此，大王庙常年香火不断，敬奉年年。后来，两座大王庙都在战乱中被毁。

仙姑助力柳树湾

◎朱士元／文

深居东海蓬莱阁的何仙姑常和其他7位仙友在一起游玩，欢度时光。一日，闲来无事，何仙姑思量，每天居海生活枯燥无味，何不到人间仙境转悠转悠，也不妄此生。当下便决定顺古黄河而上直奔洪泽湖品尝人间美味佳肴。

东方彩霞微露，何仙姑坐上自己特制的荷叶扁舟，顺古黄河逆流而上。一路上，何仙姑一会儿快速行驶，一会儿停舟观望河两岸的美景。她对此行十分满意，没想到清江浦一带的风光如此秀美，心里说不出的高兴。

来到一处泥沙堆积的河滩前，只见一大片靠水的地方几棵小草在风中摇曳，来回舞动的蜻蜓从这棵小草飞向另一棵小草。何仙姑在想，要是能在这里栽上一片树木多好，那将会成为一道风景呢。怎样达此目的呢？

她来到岸上不远处一户姓田人家，找到主人田兴国说了自己的想法。田兴国对姑娘说，我早就有这个想法，想把这里全都栽上柳树，让它变成一片绿荫，可就是找不到树苗啊。这个不难，我来帮你。田兴国并不敢相信她的话，只是点了点头。

回到荷花舟上的何仙姑向四周观望了一番，对田兴国说，你把眼睛闭上，我叫你媳妇去取树苗，你再不用为树苗而犯愁。田兴国听后不知是真是假，立即闭上双眼。不一会儿工夫，只听空中呼呼作响，河中水流声急。过了一会儿，田兴国睁开双眼却不见姑娘人影，知是东海何仙姑降福托梦给他，立刻跪拜道谢。

柳树湾图

柳树湾景色

刚过门的媳妇柳英每次随丈夫走到河滩时，都会看到他停步不前，一会儿望望这，一会儿看看那，还情不自禁地用手指比划着。

心中一直有些纳闷的柳英，实在忍不住地问，兴国，你每次走到河滩边为什么看看这又看看那呢？柳英呀，我有个心思，一直没跟你讲。田兴国看了看柳英说。我想把这片河滩栽上树，将来这里一定会成为绿树林，弄不好还能成为旅游观景的好去处。你想在这里栽树？好是好，要实现这个愿望，可有多难啦。你是知道的，现在连吃饭穿衣都没解决，哪有钱去买树苗呢？告诉你啊，你回娘家的路上不是有一条大水沟吗，说不定那里就有树苗。

柳英不信，特地去大水沟看了一下。到了那里，柳英惊呆了。大水沟里到处是柳树苗，她觉得好奇怪。马上想，如把它们拔回去栽到河滩那里该多好啊，不就用不着花钱去买树苗了嘛。柳英试着用手拔了一棵，没费多大力气就把树苗拔起来了。她一连拔了好几十棵，越拔劲头越大，很快就拔了一大堆。

看着柳英背回来那么多的小树苗，田兴国高兴得话都说不出来。还真有树苗啊，姑娘的话灵啊！田兴国把仙姑指点的事说了一遍。柳英说，真是仙人降幅啊，我们一定要把这片河滩全栽上柳树。

傍晚，田兴国和柳英来到河滩边，把一棵棵树苗栽了下去。又用从河里挑来的水将所有刚栽下去的树苗浇了一遍，以保他们都能扎根发芽。

第二天早晨，柳英带上田兴国一起来到那条大水沟，拔起那些小树苗。田兴国边拔边说，这条大水沟成了我们的育苗基地啦。真是要感谢仙姑，让这个大水沟长出这么多的小柳树苗。要是每年都长这么多树苗，那要不了几年，那片河滩将全栽上柳树啊。仙姑知道我们的心意，一定会帮助我们的。

忙了一上午，田兴国和柳英将大水沟里的树苗都拔光了。他们心中有种难以言表的高兴。一连忙了几天，他们把拔回来的树苗全栽下去了，还把每棵树苗都浇上了水。看着刚栽下去的那一大片柳树苗，田兴国对柳英说，我一点也不感觉累，还有好多力气没有用上呢。

5年过去了，河滩变成了柳树林，后又变成了柳树湾公园。来此观光的游客络绎不绝，他们边呼吸新鲜空气边夸赞这里风景美。看着那么多的游人来这里观赏柳树湾的风景，田兴国和柳英感到无比高兴。心想当年要不是仙姑支持他们，这里哪能变成柳树湾公园呢。

柳树湾图景

柳树湾内 "响铃树"

◎荣根妹 / 文

柳树湾图景

年龄大一点的人也许还记得，柳树湾景区内曾有一棵"响铃树"。这棵树又高又大，当时只要在家用铜盆放上水就能照到这棵大树。风起时，这棵树就"铃铃"作响，故名"响铃树"。据说解放前，景区西南角有一座坟和一棵参天大树，坟的主人姓崔，故名叫崔家坟，但谁也弄不清是哪个年代安葬的。传说这棵"响铃树"就是坟前哭丧棒里一根小树枝长大的。

那时候，春秋四季，一早一晚，乌鸦在这棵大树上筑窝。据说1946年，乌鸦和蜜蜂在树上打架，双方死伤惨重，地上黑压压一片。还有人回忆说，每到冬天阳光充足时，会有大蛇爬到树头晒太阳。就是这样，这颗"响铃树"生就充满了神秘的色彩。

关于"响铃树"和崔家坟还另有一种传说。很久以前，柳树湾景区内有一个高高的土墩子，红油泥颜色，不知谁就在土墩子上修了一座土地庙。过去人们穷，家里办红白喜事都要到土墩子跟前烧香磕头，借碗盏家具，只要按时归还，都能借到。有个人家里办喜事在土地庙借了很多东西，用后不想归还。有一天来了一个白发苍苍的老人，手里拿一个鞭子，朝着土墩子轻轻一打，只见土地庙消失了，竟凭空长出一棵树，几年内便长得很是高大，风吹过还发出铃铛般的响声。三年自然灾害时，有些人就到这棵大树上砍树皮和木材烧锅，时间一长，这棵大树就被砍死了。1958年秋季的一个雨天，这棵大树被大风刮倒了，崔家的坟墓也被盗墓贼给盗了。

桃花坞景区：桃花坞里桃花庵，桃花庵下桃花仙。桃花仙人种桃树，又摘桃花卖酒钱。

八仙与桃花坞

◎沙立卫／文

传说，蓬莱仙岛的白云大仙邀请吕祖等八仙上蓬莱观赏国色牡丹。蓬莱仙岛在渤海之中，是古代传说中的神仙居住之所。八仙途径清江浦城西北荒冢不毛之地，铁拐李走得满头大汗，提议大家歇一歇，于是吕洞宾等就在此埋锅造饭。何仙姑拿出从蟠桃园摘下的8个桃子分给大家吃，大家以桃解渴，顿觉舒爽。吕洞宾用三味真火做饭菜，铁拐李拿出葫芦献上自己的琼浆佳酿，韩湘子取出笛子，吹了一曲《高凤鸣》，笛音清扬，引来无数彩色飞鸟。各色鸟儿在天空飞翔，8个人谈笑风生，开怀畅饮，好生快活，时间不知不觉过去了。

桃花坞雕像

曹国舅说，还是办正事要紧，于是大家一路说笑奔蓬莱仙岛而去。他们去蓬莱仙岛不提。单说这天玉皇大帝正在养心殿和王母以及女儿们吃酒闲聊，席中谈到七女，玉皇大帝疼爱小女儿，放心不下，要王母好生对待，不可伤害七女。正闲聊中，忽然觉得宫殿之上热浪滚滚，汗流浃背，这可从来没有的事。他赶紧传召太白金星看个究竟，太白金星赶忙来到南天门外，手拿拂尘拨开云雾一看，见清江浦城西北烈焰飞腾，火苗乱窜，热浪直冲天庭，知道是八仙所为。原来八仙忙着赶路，没有熄灭灶堂的真火，故而焰火不息。

太白金星赶紧禀明玉帝，玉皇大帝遂派遣水星大仙、银河童子引来黄河之水，冲开锅底，浇灭了真火，清江浦城恢复了平静。后来八仙赏花回来渡海，吕洞宾提议不乘舟，大家各显其能渡海，在过海中费了许多周折。那是玉皇大帝责怪八仙，命令龙王阻挠，才有此劫。于今我们看到的桃花坞南高北低，呈锅底状。何仙姑的8个蟠桃园的桃子留下的8个桃核，在此长出桃树，一核生百树，太白金星觉得此处风景不错，奏请玉皇大帝，派遣掌管蟠桃园的桃花仙子来造个人间蟠桃园。

桃花仙子来到桃花坞，又带来好多蟠桃园的桃树把桃花坞装扮得俏丽无比，蜂蝶飞舞，鸟唱春歌，成为人们心中的桃花源。

爱在桃花坞

◎ 蒋玲莉 / 文

桃花坞景色

300 年前，古黄河畔住着几户人家，其中有一位勇敢勤劳的小伙子叫淘子，他敦朴憨厚的性格受到了邻居们的喜爱。还有一位叫小美的姑娘，贤淑聪慧、美丽大方。淘子一直将小美当作自己的妹妹，经常去找她聊天唱歌，两人在一起总是充满了欢声笑语。如此甜蜜的爱情让小美心里既开心又忐忑。她知道自己是玉帝的花仙子，不久就会飞天升仙。她深深地爱着淘子，怕自己的离去会刺伤淘子的心。于是一天，她冷冰冰地告诉淘子："其实我爱的是非常坚强的男人，你控制不住情感就证明你不够坚强。什么时候你坚强起来了，能将对我的情感压抑住了，才会被我所爱。"此后，小美就不再与淘子相见了。

小美的话深深印在淘子心间，他陷入了两难境地：爱小美，小美会不喜欢自己。忍住不爱小美，也会失去小美。他的心时而沸腾时而冰冷，在一次与小美的偶遇中，淘子述说了自己的痛苦。他告诉小美："我的心已经变冷变硬，我爱你有多深，心便有多硬。妹妹，哥哥不相信你不喜欢

我，我只想看看你的心是否像我一样因爱而冷。"

生命对于这对年轻人已经不再有意义了，他们取出各自冰冷的心脏，互相求证，相依而死。于是，"爱比恋更冷"成为人们一时相泣而谈的话题。村民们感慨于他俩的深情，将他俩合葬在一起。当晚雷声大作，大雨下了一夜。天明，雨停了，村民们看到他俩的墓地上长出了一棵小树，树上开满了粉红的花朵。原来淘子的遗体化作了树干，村民们把这棵树叫作桃树。小美化作了桃花，灵魂升到了天上。由于她贪恋人间真情，王母娘娘念其真情可贵，封其为桃花娘娘，专事人间爱情和求嗣。

当年夏天，人们惊奇地发现，桃树上结满了鲜果，像两颗心重叠在一起。知道这个故事的人，怕桃树伤心，总是等果子变红变软后才摘下食用。那年以后，人们总是用桃花象征爱情，用坚硬的桃木做桃符避邪。还在每年春天剪下桃枝插入土中，年复一年，桃树变成林，便成了今天的桃花坞。

贰

桃花坞春景

桃花坞

景点推荐

古黄河生态民俗园北枕黄河故道，南接健康西路，现有土地 2200 余亩。园区内沟壑纵横，乔林掩映，自然生态及原生地形地貌独具魅力，梨树、桃树等投产果树达 56.8 公顷。每当春暖花开之际，万花竞放，芳草如茵；金秋时节，硕果满枝，繁盛可观。划为两大景区：以我国大众文化桃文化为主题的"桃花坞景区"；以各类林木、花卉、沿岸数以万计的柳树为生态主题的"柳树湾景区"。生态民俗园已初步建成生态自然景观独具特色的公益性休闲场所。每年春天3月到4月间，都会举办大型"桃梨风光赏花节"。7月到10月间，这里又举办一年一度的"酥梨采摘节"。游客可以一边游园，一边亲身体验采摘果实，享受亲近自然的乐趣，远近市民常常慕名而来。

主题特色

"生态""原朴"的景观风貌

位置定位

健康西路 188 号

慈云寺：三千繁华，弹指刹那，百年过后，不过一捧黄沙。

慈云寺罗汉西去

◎沙立卫／文

"逢山必有寺，陌巷香火盛"。淮安名刹慈云寺，自万历年算起，至今已有几百年历史。时间的风云变幻，让多少寺庙遭受劫难，所谓：庙宇百年一劫难，僧历十年半此生。南朝480寺，多少楼台烟雨中。纵观以往名寺，哪一个能躲开佛劫，不是毁于雷火，就是毁于战火。慈云禅寺也不能例外，慈云寺曾经过兵燹火劫。

单说民国七年八月初十，慈云寺大雄宝殿突然起火，这火来得十分奇怪。风轻云淡的午后，阳光暖暖地照着大殿的灰瓦，廊间的风铃发出清脆的声音，天炉里的香火袅袅升腾，一切那么祥和。就在圣殿沉浸在平静安宁之中时，万里晴空一个霹雳惊天动地，震得地动树摇，紧接着从东南方跑来一只怪兽，眼如金灯，面似丘垄，浑身赤色，如一团火焰直入慈云寺，看见的人都说这是火麒麟。火麒麟进入寺内，眨眼不见踪迹。寺内僧人见状皆惊恐万分，不知吉凶。有高僧孤寂禅师大呼说，慈云此劫，恐难逃呀！言毕圆寂而去。是时，南风正起，席卷而来，大雄宝殿火蛇翻腾，烈焰乱窜，瓦片噼啪作响，众僧扑救不得，火越烧越大，整个大雄宝殿被大火淹没，火光四射如蒸霞，天空瑞彩千翔，朵朵红莲开放，莲上皆有罗汉端坐，隐隐有钟鼓之声穿破云头传入寺内。众僧仰天跪拜，恭送大佛罗汉西去。大雄宝殿的火势约莫5个时辰方渐渐熄灭，这时从木火中那只火麒麟直冲云霄，随罗汉西去。众僧皆惊悚，此后大雄宝殿很难复建，不是廊柱歪斜，就是山脊倒塌。直到20世纪末，地方百姓捐赠钱款，方才恢复大雄宝殿

的雄姿。后请五台山高僧在慈云寺内率众比丘僧200余人，作法81天，焚香诵经，恭请罗汉回住慈云寺。

众罗汉从西方极乐天端坐莲台，驾五彩祥云，入大雄宝殿。运河圣地罗汉齐聚，重又开辟新的道场，为佑护百姓再兴佛法大道。

贰

慈云寺

151

景点推荐

该寺始建于明万历四十三年（1615），原名慈云庵。清康熙十五年（1676），大觉普济能仁国师南游，于此说偈跌座而逝。后康熙帝下诏，钦赐"慈云禅寺"匾额，改庵为寺。

主题特色

佛教与古建筑

位置定位

花街与承德路交汇处

玉琳国师与慈云寺

◎沙立卫／文

早年的慈云寺名字叫慈云庵，仅几间庙房，简陋不堪，和现在的庄严宏阔相比，显得十分萧寒。当时庵内仅一僧一徒，全靠化缘过活，故无名气，香火也不鼎盛。那么它为什么一下子金光四射，成为名震江南江北的著名古刹呢？这跟一位得道高僧玉琳国师有关，可以说，没有玉琳国师就没有慈云寺的今生。如今的慈云寺宫殿威严，飞云流丹，彩相万千，山门殿高耸巍峨，大雄宝殿肃穆凛然，观音殿眉目慈祥，地藏殿气宇森罗，药王殿法相降魔，天炉内香火袅袅，法烛高燃，一派清净，令人起敬。

说完慈云寺的过往，再来说玉琳国师，这个玉琳国师号通琇，字玉琳，是浙江武康名僧，生于公元1614年，

圆寂于1675年。明神宗万历四十二年出生于江苏江阴，俗姓杨，19岁那年突然生了一场大病，病因不明，家人四处求医，都无法治疗，日渐消瘦，眼看要魂魄散去。这时从门外来了一位和尚，看后手抚摸其顶，云：降魔归天隐，圆修获大成。于是家人将他送到崇恩寺，师从天隐圆修禅师，在宜兴馨山崇恩寺出家受具足戒。入寺后的玉琳身体恢复如初，其佛法悟性很高，未及两年就大彻大悟，深通禅道佛理，很快名扬四海，四处游历讲法。公元1658年，清世祖顺治帝礼诏入京，在万善殿举扬大法，弘扬玄宗大道，深受顺治帝敬重。自此，顺治帝常与玉琳探讨佛法义理，渐渐心明镜台，法相深染，后故有顺治帝抛弃江山，

淮安慈云寺

皈依佛门之事。顺治帝先封玉琳为"大觉禅师"，后又加封为"大觉普济禅师"，并且持紫衣、金印。到顺治十七年授菩萨戒。再加封为"大觉普济能仁国师"。顺治帝对玉琳加封是不断增加定语，先加"普济"，普济是普遍济助之意。别小看普济一词，说明了顺治帝对玉琳禅师无比敬重，更是对他晓通佛法、普度众生的法慧一种肯定。后又加"能仁"，变禅师为国师，"能仁"说明玉琳禅师修为已经达到顶峰，所谓"仁者无敌"。"国师"说明其身份地位极高，无人能比，普天之下，万法之师。康熙四十年八月，61岁的玉琳国师再度北上，冒着暑热，单衣渡江，途径清江浦慈云庵，也就是现在的慈云寺。感觉身体不适，

留下法偈，趺坐而逝。偈云：本是无生，今亦无死。

玉琳国师在慈云庵圆寂后，消息传到京都，雍正帝很是悲伤，于公元 1735 年，以清江浦慈云庵为大觉圆寂之所，诏拨淮关银，照大丛林式兴建，置香火地，命内务大臣、淮关监督年希尧督建此寺，并钦赐《慈云禅寺》匾额，改庵为寺，至乾隆四年（1739）大功告成。自此，慈云寺规模宏大，香火鼎盛，成为全国著名古刹圣地。

玉琳国师以自己的肉身兴隆一方道场，是我国历史上唯一以国师身份成就肉身的佛。

回族侠女陶二姐

◎郭应昭 / 文

清江清真寺西隔壁原有一座左公馆，是战死在朝鲜平壤的抗倭英雄左宝贵大夫人陶二姐居住过的地方。陶二姐是一位受清江浦穆斯林及汉人尊敬和爱戴的回族侠女。

左宝贵（1837~1894），字冠廷，回族，山东费县（现临沂市平邑县）人。年幼时与两个弟弟逃亡投到江南军营，开始戎马生涯。左宝贵忠勇，屡立战功，多次受朝廷嘉奖。1889年，官拜广州高州镇总兵，仍留驻奉天。1894年7月，时为奉天总兵的左宝贵领旨率军援朝，在与日军的激烈交战中，身着御赐黄马褂，身先士卒，不顾安危，亲燃大炮，轰击敌人，鼓舞士气，尽显中华民族英雄气概。在平壤城北山顶被密集的炮火击中身躯，尸骨无存，仅寻得其半幅带血黄马褂、一只朝靴。

左宝贵是甲午战争中清军高级将领战死的第一人。日军感其忠勇，在其被炸殉国的地方立碑以示敬意，碑面为"勇冠三军，忠显千古"。这是无比藐视清军的日本人在甲午战争中唯一一次为战死的将领立碑。

陶二姐生于道光十三年（1833），从小寄养在河下镇湖嘴大街上开烧饼店的姑姑梁家。陶二姐在姑姑家读过两年私塾，知书达礼，胸怀家国，豪爽大度，侠肝义胆，参

回族妇女

加过太平军，在淮阴女营当战士。1864年，被"左"字旗号的清军部队俘虏。左宝贵发现陶二姐不同于一般女子，柳叶眉宇透着英气，两汪秋水清澈明亮。左宝贵将她叫到跟前，问其身世，陶二姐不卑不亢、彬彬有礼地作答。陶二姐的经历让左宝贵生出同是天涯沦落人的感受，故生怜

爱之心结为发妻。俩人婚后相爱甚笃，左宝贵南征北战，陶二姐追随左右，贤惠能干，鼓励丈夫。左宝贵屡立战功，受到朝廷重用，很大程度上是受到陶二姐的影响所致。

左宝贵驻军奉天20年，不仅"晓畅兵事，谋勇兼优"，而且在陶二姐鼎力支持下，热心地方公益事业，重视教育，设义学数处。还设立赈灾粥厂、同善堂、栖流所等慈善机构。

知道左宝贵将开赴朝鲜战场，陶二姐写信激励丈夫，其中"对敌以勇，但学前朝霍去病；事国以忠，莫忘乡贤忠节公（关天培的谥号）"最为感人。

陶二姐一生没有生育，收养了二儿一女。为了左家人丁兴旺，她说服丈夫并为他张罗了二、三、四夫人，这些夫人共为左宝贵生了三儿四女。左宝贵为国捐躯后，陶二姐变卖掉奉天的左公馆，将左宝贵的三个小夫人及子女在左宝贵家乡山东费县安顿好，自己则带着"二儿一女"回到淮安河下镇生活。1897年，陶二姐在河下镇建左宝贵衣冠冢（内葬左宝贵血衣残片和一只朝靴），并建起了左忠壮公祠。清政府封赠陶二姐为"一品诰命夫人"。

晚年，陶二姐住清江清真寺旁的左公馆（今已不存）。她恪守教义，宽厚仁慈，善待穷人，重视教育。宣统二年（1910），她曾在清真寺北围墙外捐办清江浦清真寺穆英小学，很多回、汉穷人的孩子免费入学。淮安现代名人、已故的中国儒学大师庞朴就是从这所小学走出来的。陶二姐离开清江浦时，将她的红木家具床等赠送给清江清真寺，可惜失于"文革"中。

贰

长髯阿訇王世和

◎郭应昭 / 文

古清真寺

清江浦故事

　　长髯阿訇王世和，经名为穆罕穆德·优素夫（1893～1992），清江浦人，出身于经学世家，其祖父和父亲均为当地阿訇。他随老"尔令"马阆仙学经多年，由于勤奋好学，深得马阆仙喜爱，学成后穿衣挂帐受聘于袁浦（清江浦）清真寺教长。

　　1926年，王世和全家迁往上海，落脚草鞋湾清真寺。1942年主持浙江路清真寺教务。他熟稔经文，秉持教义，热心助人，深得教民爱戴。按伊斯兰教规，穆斯林实行土葬，教徒归真（逝世），清水沐浴净身，白布包裹顶踵，抓紧入土为安，早晨去世不过中午，下午去世不过夜，因故最多不得超过三天。

　　上海被日军占领期间，有一教徒去世，众人将其洗、穿等程序完成后，抬着去穆斯林坟地，但通往坟地的几处路口都被持枪日军封锁，一行穆斯林教徒只好停下来……一同送归真教徒去墓地的王世和奋不顾身上前，据穆斯林风俗习惯与日军交涉理论……看着王世和留着阿拉伯人那样的连鬓长胡须，日军不免有几分敬畏，再听着他滔滔不绝地宣讲《古兰经》等教义教规，守卡的日军挡不住了，只好放他们通过关卡，终使逝者尽快入土为安。从此以后，为了对付日军岗哨纠缠，王世和索性留起了长胡须。

　　新中国成立后，王世和担任黄浦区政协委员，曾代表上海伊斯兰协会到机场迎接印度尼西亚总统苏加诺。苏加诺一下飞机，王世和热情地迎上前去，举手高颂"色拉目"（愿真主赐你平安），苏加诺闻之高兴地挥挥手，大声地

景点推荐
一座雄伟的具有中国特色的伊斯兰建筑。经过"十年动乱"
仅存礼拜大殿和蝴蝶厅。

主题特色
文化宗教

位置定位
越河街 10 号

贰

古城清江浦

回了一句"色拉目"。苏加诺快步走近王世和，俩人热情拥抱，苏加诺笑着用手亲切地抚摸他的长胡须，引来了许多外国记者抢拍镜头。

1956 年，王世和参加上海市少数民族代表团赴京，受到了毛主席等党和国家领导人的接见，并合影留念。

毕生为伊斯兰教做出杰出贡献的王世和 20 世纪 70 年代回到清江浦居住，90 年代初去世，安息于清江浦古淮河南岸的铁水牛墓地。

仙鹤来朝斗姥宫

◎朱士元 / 文

当年，斗姥宫大殿建成时有 9 只白色仙鹤来朝，引得千人跪拜致谢。这里有一则关于斗姥宫与白鹤仙师的传说。

那一年，白鹤仙师的徒儿去洪泽湖畔游玩，飞来飞去走错了路。飞到了清江浦旁边的一条小河旁觅食，可什么什食也没觅到。饿得头晕眼花，一下子倒了下去。就在这时，来了一位老妇人。她看饿倒在小河旁的徒儿，弄来食物喂徒儿，保住了徒儿的性命。当时，要不是这位老妇人，

徒儿早就没命啦！徒儿回来说，清江浦那边的人，个个善良，人人都值得敬佩。白鹤仙师说，以后有机会一定要好好报答。

白鹤仙师放下茶杯马上说道，报答的机会来了。便对徒儿说，你带上你 9 位师兄师妹，去清江浦龙兴寺斗姥宫，给他们送去吉祥如意、幸福美满和健康长寿。徒儿一时没有听懂白鹤仙师的意思，忙问，为什么要去那儿感谢

呢？为什么要去送这样的大礼啊？白鹤仙师抬头望了望徒儿说，在我们有困难的时候，是他们帮助我们度过难关的，所以我们要去感谢，要给他们送大礼。徒儿明白了，随即带上9位师兄师妹直奔龙兴寺斗姥宫。

斗姥宫门前，正在忙着准备庆典的人们，忽见空中飞来9只洁白的仙鹤，大家惊喜万分。一位老者看到仙鹤来朝，马上对大家说，这是仙鹤为我们送来吉祥美好啊。大家听后，立即跪拜在地，以表谢意。9只仙鹤在空中盘旋了好长时间，边飞边叫。它们好像在说，清江浦的人心地善良，一定会得到更多的吉祥幸福。

自那以后，斗姥宫香火旺盛，影响越来越大。好多外地信徒都前来祭拜，祈愿神灵保佑。高大的宫殿四周环水，大殿前面有放生池，池上有七星桥，桥下池水清澈见底。信徒们来这里放生，将龟、鳖等送入池中。当年的斗姥宫随着战乱和时代的更替早无踪迹了，现在所建成的斗姥宫原为清光绪三年建的栗大王庙旧址。

后建的闸口街道的斗姥宫总占地面积1000平方米，有3个殿堂。前殿、中殿、后殿均为硬山顶、抬梁式，青砖小瓦，古色古香，保存完好。斗姥宫为清江浦的道教场所，后殿内塑有斗姥神像和其九子的神像，供信徒们祭拜。

进入斗姥宫，我们要知道斗姥的内在含义。知道了，在祭拜时才会更加灵验。斗姥，也叫斗母，又称斗姥元君。

斗姥乃道教所奉的女神，为北斗七星之母，又称天后，生九子。斗姥神掌诸天星宿，斗姥是道教里掌管生的女神，在女神中地位尊贵。她的职责颇有些类似药王，掌管医药治疗，保全产妇的胎育，驱除黑暗和邪恶。

据《斗母延生心经》记载：斗姥为龙汉时周御国王的爱妃紫光夫人，明哲慈慧，修行玄灵妙道，勤奉元始至尊，发愿求子，辅佐乾坤。因沐浴九曲华池中，感金莲九苞，化为九子。长子为天皇大帝，次子为紫微大帝。七幼子经七昼夜，俱化为光明之星，飞升天际，即为贪、巨、禄、文、廉、武、破七元星君。道经中盛赞斗姥元君："能阳能雨能变化，救灾救难救刀兵，祈嗣就生麒麟子，祈名金榜就题名；商贾者，利加增，祈求父母得长生，子孙得荣盛，夫妇寿康宁；万邪自归正，诸恶化为尘。"

今天，人们纷纷来到斗姥宫开坛祭拜，纪念斗姥化生九皇，祈求消灾解厄，延祥集福。那些外地游客来到这里，顿感心境清新，如同祥云登顶，更觉9只洁白的仙鹤飘然而至。

张生修道观

◎荣根妹 / 文

　　清同治年间，清江浦城南住着一个叫张生的人，父亲早逝，对母亲特别孝顺。张生婚后三年，膝下无孩，母亲为此日日发愁，腿上竟然生了个毒疮，疼痛难忍，昼夜皱眉呻吟。张生为母亲煎药喂药，但却数月不愈。

　　一天晚上，张生梦到父亲告诉他说：母亲的病只要你有孩子便可痊愈。张生梦醒，便和夫人商量生子事宜。但他们吃遍了清江浦城所有医生开的药方，大半年下来了仍然没有结果。眼看母亲病入膏肓，张生焦急又无奈。

　　一天，有位道士来乞讨化缘，还傲慢地要酒喝。张生拿出薄酒招待了道士，道士醉意微醺之际斜眼一看便知张生心中愁苦，直接点破张生道：你至今无子，非身体原因，乃因你生辰八字与北斗之星相冲，而斗姥是道教里掌管生育的女神，也是北斗众星之母。张生心中顿然涌上万般愁思，忙问道士如何化解。道士慢悠悠道：此事难也不难，不难也难。张生忙说道：请道士明示，再难也要去做。道士这才告诉张生：清江浦无道教场所，你需修建一所，诚

景点推荐	主题特色	位置定位
清代古建筑	文化宗教	轮埠路 141 号

贰

心叩拜便可得子。道士一边喃喃自语着"道可道，非常道；名可名，非常名"，一边摇摇晃晃地走了。

张生一夜翻来覆去没有睡着，修建一座道观哪里是一件小事。半夜时分，张生迷迷糊糊间又见父亲来到床前对他说：修建道观凭你一己之力，根本不可能，你去找吴棠总督，自会解决。

第二天一早，张生便给吴总督写了关于修建道观的册子，并跪于总督府请求见吴棠。吴棠本是个乐善好施的清

官，经常捐钱设立义学，修建了文庙大成殿，创建崇圣书院，政声卓著。翻阅过张生的册子，一来感念张生的一番孝心，二来修建道观也却能填补清江浦无道教场所的空白，挥笔写下：准予修建道观。

仅仅一个月的时间，便在现在东大街的位置修建了一所道教女神的庄严道场——斗姥宫。张生后来真的生育了一儿一女，母亲的病也奇迹般地好了起来。

老太爷与文荟庵

◎沙立卫 / 文

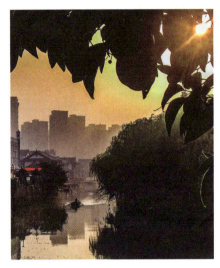

里运河晨曲

都天庙前街有一座庵庙，叫文荟庵。庵庙始建于晚清，青砖筒瓦排列，响铃飞檐斜伸，是典型的清代寺庙建筑风格，其内有大雄宝殿、玉佛殿、过殿、三圣殿，主殿供文殊菩萨、观音菩萨，主殿东侧供老太爷。

这老太爷神道不浅，特别灵验，四维八里的人都来敬香，焚香时默念要求拜的事情，回去后定能心愿满足。

据说，当年有个云空师傅，在此修心，有半仙之体。一日正坐蒲团默诵经卷，忽然有叩打门环之声，老师傅让弟子登凡去开门，门口站着一位五十几岁的老者，须发皤然，二目有神，一看就觉是不凡之人。登凡把来人引进佛堂拜见云空。云空问来人所来情况，来人自称胡梦仙，想把家眷移居到庵中，请云空大师方便一二，云空一看便知是狐仙，点头表示同意，老者非常高兴，连连称谢。

第二日，胡梦仙便率领家众100余口来到文荟庵，不见其形，在大殿东侧安家。

胡梦仙一家在此居住之后，从不伤害周边百姓，相反，还时常接济家境困难的贫苦人。胡梦仙懂得岐黄之术，谁家有病人，或者有疑难杂症者，他总是不厌其烦前去医治，大家都敬他，称他为"老太爷"。

胡老太爷闲暇时就和云空师傅参禅说法。如此数年。

一日，老太爷进来和云空道别，说自己因为性本善良，天帝将他列入仙籍，不日要到浙江赴任，掌管水族。子孙留在此庵，还请大师照看本族人，言毕隐身而去。又过数年，胡圣人派狐族建工，从浙江运来山木，建设文荟庵，使文荟庵得以焕然一新。云空感念其功绩，在偏殿立祠拜圣。周围百姓也感念恩德，前来焚香拜谒，自此香火鼎盛。

一直到了"文革"时期，除四旧，破迷信，全国各地的土地庙、庵庙、寺院等被群众砸烂捣毁。但是文荟庵却毫发无伤，据当时人们说，就是老太爷显灵保佑的。有部分群众冲到文荟庵，抡起大锤要砸，却怎么也举不起锤子，有爬上屋顶要揭瓦，结果无缘无故从房子上摔下来跌断双腿。还有不信邪的，要用火烧毁庵庙，火把怎么也点不着，回家后自家房子却无火自燃。人们都说文荟庵的老太爷触碰不得，谁碰谁倒霉，就这样再也没有人敢动文荟庵了，文荟庵完整地保存下来。

现如今文荟庵作为淮安市级文物，已受到政府保护，庵中主持常瑞大师已经80高龄，依然用传播佛法、用善性智慧、正等正觉的佛法影响着民众，来许愿还愿的香客很多，大家对文荟庵的尊重依然初心不改。

城隍庙喂饭赌胆量

◎荣根妹 / 文

城隍神是城市的守护神，城隍庙是供奉城隍神的神圣空间。史料记载，城隍神在南北朝时期开始出现，在唐代已非常普及且为官府与百姓信奉了。人们常用一种期盼清官的心理来供奉城隍，希望城隍清廉正直、保护百姓，因此许多城市的城隍庙里要设立两座高大神像，一座是泥塑的，永远供于庙内，另一座木雕的，专用于抬着出巡，希望城隍不要总关在衙门内闭目塞听，该多下来体察民情。人们对城隍神的供奉是讲究实际的，清江浦的老百姓也不例外。

明清时期的清江浦因运河而兴，为保淮水安澜，各种寺庙应运而生。作为能护卫百姓安全、保佑一方平安之神——城隍更深受人们的推崇顶礼膜拜，因此城隍庙的香火非常旺盛，长年不衰，尤其每年的庙会十分隆重。

清江浦老人对城隍庙的盛事记忆犹新，随便问及哪一位，多能叙说一段，侃侃而谈。信仰城隍的人很广泛，总是万事皆去求他，无论是公的还是私的，大到护国保城、降雨防涝、放晴抗旱、五谷丰收，小到出门平安、生儿育女、发财致富、求学成功，都会到城隍庙烧香焚烛，磕头礼拜，十分虔诚。

清江浦有两座城隍庙，一座位于轮埠路东端云坛洞口院内，为府城隍庙，管辖山阳、清河、沭阳、桃园、宿迁等数县，府城隍官品级为正五品。府城隍庙共有房屋99间半，院落五进，且有一座能容纳数百人的戏园。大门朝南，门外一对大石狮，门内有壁墙。另一座位于水渡口，为县（清河县）城隍庙，城隍官品级为正七品，因此府城隍庙称为大城隍庙，后者称为小城隍庙，两者规模与官阶相差较大。

小城隍庙位于现钵池公园西大门水渡口公交车站处，规模小得多，但同样威严肃杀，祭祀、供奉、许愿者络绎不绝，与府城隍庙大同小异，不同的是有一座约60平米大小的后花园。在县城隍老爷塑像两旁有一副对联，很有警示意义：何必磕头，但愿回头即早；终须觍面，再思革面已迟。此联警戒烧香磕头者，有小过即改，莫待铸成大恶，则为时已晚，主持一方土地的城隍也不会原谅。

小城隍庙曾发生过一件趣事。范文与李天是清江浦两个有胆有识的好朋友，一天打赌看谁的胆子大，说定谁敢在半夜三更往城隍老爷嘴里喂上一口饭，就算谁的胆子大。这天晚上，天黑得伸手不见五指，鼓打三更之后，范文左手端着饭碗，右手拿双筷子，摸索着来到城隍老爷雕像前，用筷子挑了一团饭抹到城隍嘴里，转身刚要走，却听到"叭哒叭哒"吃饭的声音。范文毫不畏惧，说道："你这城隍老儿嘴还挺馋，再来一口！"正想喂第二口，却听到一声大笑，原来，李天早就藏在了城隍老爷雕像后面，喂了第一口饭之后，就憋不住笑了起来。李天拉住范文的手："这回我算服了你了！"范文也朗声笑道："我也服了你了！"

关帝庙和张鹏翮

◎郭玉琴／文

清代前期诸河臣中，以靳辅及其幕友陈潢的贡献最大。康熙二十七年靳辅去职时，"黄淮故道次第修复""漕运大通"。以后几任总河督，都无明显建树。三十六年（1697）以于成龙为河督。三十九年（1700）春，于成龙卒。同年三月以两江总督张鹏翮为河道总督。张鹏翮长于治河，凡所经划，无不顽固。

张鹏翮是个刚正不阿的清官，公堂之上只认理字不认人，早在没有来到清江浦之前，清风两袖已经名声在外，当地的绅士官僚都有点胆战心惊，在他手下谋差做事的人

更不敢行差一步，深怕遇到被摘乌纱帽的霉运。但是依然有个别人心存侥幸心理，不是想来攀交情就是想贿赂他，企图破坏他的为官做人底线，试图越矩而行。为了对付有人来说情，张鹏翮在府邸的厅堂上树了一尊关圣帝君塑像，贴身侍卫周仓持刀威严旁立。神座的侧面摆一书案。每逢亲朋好友有私事请托时，他便指着塑像说："关帝君在上，岂敢营私徇隐？"有些交谊甚笃的人，硬要求得一好的差使，张鹏翮微微一笑，诙谐地说："周将军手中的青龙偃月刀很锋利，你不惧怕吗？"

张鹏翮用这种方式打消登门请托者的妄想。于是在治理淮河的水患时再也没有人敢铤而走险，偷工减料，徇私舞弊，构陷同僚，很快治水就取得了显著成效，得到了康熙的褒奖。清江浦的百姓为铭记他为官一任、造福一方的政绩功德，在他住过的总督行署办公的地方，今天的清宴园里供奉一座关帝君像，常有游客来此烧香许愿，听说还很灵验呢。

第三章　名人往事

窑汪烧砖建城墙

◎朱士元 / 文

清咸丰十年（1860）二月初，捻军李大喜部攻无险可守的清江浦。当时，驻守在清江浦内的河督、道台及县令等闻风丧胆，逃之夭夭，捻军轻而易举占领清江浦。

清江浦失守后，城内百姓惶恐不安，好多人都诅咒那些无能的官员们。捻军进城，对那些仍不服气的百姓施加淫威。尽管如此，百姓还是不买账，希望有军队来把他们赶出城。一天，几个缙绅凑到一起不约而同地议论起筑城的事儿来。一个说：这些官吏们太无能，连清江浦都守不住，还能做什么大事呢。另一个说：这也难怪他们，一个城没有城墙防守，敌人毫不费力地打进来了，要是有城墙挡一挡还好一点。又一个说：要是能造个城墙，对百姓对防守都是有好处的。不过，谁来办这件事呢？几个人议论了半天，到最后你望望我，我望望你，不欢而散。

转眼间到了同治元年（1862），吴棠来到清江浦任漕运总督。他刚上任，就同几个官员到清江浦四周转了一圈，观看了城内城外的地形地貌。回来后不觉间皱起了眉头，似有很多心思一起涌来。他对下官们说，难怪捻军一到，大小官员们跑个精光，这城无法防守啊！当下，他决定在城四周打土圩以作防守之用。这一决定作出后，吴棠令人去征役，参与筑圩工程。经过数日努力，清江浦四周建起了南北砦，圩外边还开有壕沟，圩内筑有炮台。另在圩的内外建有圩门，来往行人只能从圩门通行。据记载，南土

楚秀园

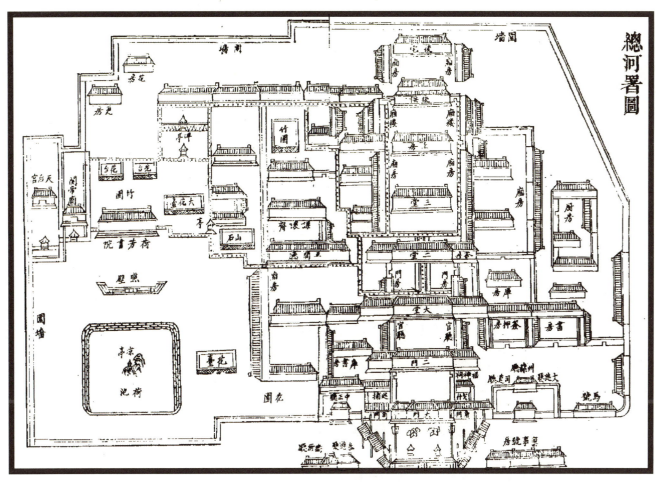

清代清江浦总河署图

圩有炮台9座，圩门3座；北土圩有炮台11座，圩门5座。土圩建成后，就经受了捻军猛将李成部的攻击，于是"流亡渐集，人心大定。"

有了筑圩的成功之举之后，吴棠感到十分的欣慰。他想，要是在清江浦筑起更加坚固的城墙，那不是更能保民平安嘛。筑个什么样的城墙呢？那当是砖石最好了。对于自己的这一想法，到底是否可行，他请来城内几个比较出名的缙绅一同商议，得到了同意。吴棠通过交谈，还得到了地方缙绅在经济上的大力支持，为建石城提供了经济上的保证。在什么地方建窑烧砖呢？吴棠经过走访，决定在窑汪这个地方建窑烧砖。当年，他在全国各地招来了好多窑工，建起了窑，烧起了砖。那一批批烧好的砖头，源源不断运往清江浦。在工役们的数日劳作下，城墙一天天建起来了。人们要问窑汪一带地势为何这般低洼，就是当年取土烧砖所致的。

吴棠当年造清江城，所用材料除了在窑汪建窑烧砖，还拆了高家堰北端的一段石堤，才将石城造起来的。不过，窑汪这个地名至今仍在延用。人们每看到残留的城墙墙基，便会想起当年的吴棠来。

吴棠与慈禧的故事

◎荣根妹 / 文

吴棠出身于一个卖豆腐的家庭，道光十五年中举。后任清河县令。一天，有人报：大运河上来了一艘官船，是安徽候补道员惠征的灵柩。吴棠闻讯，立即赶去吊唁。当他得知惠征仍属候补官员，空有虚名，没有实职，所以家境贫困。他去世后，遗下孤女寡母，生计十分艰难，于是动了恻隐之心，当即赠送 300 两银子。死者家属感激不尽。

哪知，这死者惠征的女儿名叫玉兰，后来被选入宫，由才人、贵人进而册封为懿贵妃，最终执掌朝政，成为赫赫有名的慈禧太后。

还有一种传说更富于戏曲性。说吴棠任清河县令时，一日有老友来访。这老友乃是扶送父亲的灵柩回乡归葬，路经清河，想向吴棠借些路费盘缠。吴棠一时手头不济，虽满口答应朋友的请求，但迟迟没将银两送去。不久，吴棠终于凑齐了几百两银子，派人送上船去。但是送银的差人不知道，吴棠好友的船已于前一天开发了。而送银人登上的这条船，虽然也是送丧的官船，已是另外一艘了，丧主就是后来的慈禧太后母女俩。那时慈禧还是个民女，名叫玉兰。无依无靠的母女俩听说是县令吴棠送来的银子，自然感激不尽，铭刻于心。

事隔多年，吴棠已任了漕运总督，有人告发吴棠贪污

朝廷救灾钱粮，案子一直汇报到慈禧太后那里。慈禧太后听到"吴棠"的名字，自然想起清河县受恩的一幕，于是对汇报的人说："你们揭发吴棠'吃漕吞赈'，并没有事实依据，不过是道听途说的传言而已。我看真正的原因，还是吴棠官职太小，你们才敢肆意诬陷。"当即下令给吴棠加官，一下提拔为江苏巡抚，不久又升了四川总督。

当然，实际情况必定不会像传说的这样既巧合离奇又简单幼稚。真正的原因，还是吴棠这个人是很有一些"文治武功"的。如史料中记载的"以剿匪（捻军）有功，累擢以道员即补"；"补淮徐道，帮办江北团练"，等等。还有传说中吴棠与整他的政治对手"以联斗智"的故事，也能看出吴棠的才华。如吴棠的联句："有水溪，无水奚，无水加鸟便成鸡，得势狸猫赛猛虎，落架凤凰不如鸡。"既机智巧妙又大胆辛辣地嘲讽了"专案调查组"一些别有用心的官员。

吴棠任四川总督达 9 年时间，从同治七年（1868）直到光绪元年（1875），因患病回到滁州病故。朝廷赐祭葬，并追封谥号"勤惠公"。慈禧太后亲写祭文赐奠："柱石勋高，栋梁望重。"

钵池山调色盘

清江浦名士陈樟

◎葛以政 / 文

咸丰《清河县志》记载了清江浦名士陈樟，可谓能够包容的典范人物。

陈樟，字豫林。他一心一意努力学习，文章精熟，书法特别工整。他先以廪生被选拔为贡生（省级），而后进入太学，做主管太学生的祭酒。太学老师很喜欢刊载他的文章，将其作为范文。陈樟离开京城后回到清江浦。

陈樟晚年的修养更加纯厚。范钧称赞他"心如秋月（之明静），气如春风（之和煦），为乡里之中第一人"。陈樟的"心如秋月，气如春风"主要表现在待人和对己两个方面。

当时，曾有一个姓朱的寡妇将500金托付给陈樟，请陈樟放贷给别人而获取利息，受贷者因拖欠而逃亡不见了，朱寡妇非常悲伤，以为500金打水漂了。陈樟却对她说："金钱本来就在我的口袋里。"陈樟宁愿自己承担损失，甚至典当衣物，将金钱全部还给了朱寡妇。显然这是作为强者的他对弱者的担当，也是其对弱者的包容。

还有一个叫张六官的人，出身高贵，原是有社会地位人家的子弟，家境衰落流浪时以给人说野史来度日。这是一个顽劣之人，此人受过陈樟很大的恩惠，一时间富裕起来，轻裘肥马，非常华丽；购买良宅，俏婢美妾；鲜艳妖冶，沾沾自喜。但时间不长，此人就又陷入困境，还给陈樟的脸上抹了黑。陈樟可怜他的贫困，再施援手。

话说无以为计的张六官来到陈樟门上，双膝跪地前行，陈樟叹道："男子汉就不能自己营生了吗？"再给百金，资助他回归故乡。其大度和包容不是一般人能够做得到的。这当初是达者对贫者的同情，后来是德者对劣者的拯救，是社会意义上更深的包容。

终于，陈樟的善心得到了回馈：等到陈樟去世就要殡葬时，四面八方聚集来送葬的有几百人，忽见有一少年，全身白色丧服，急促地进入停殡室，哭得非常悲哀，伏在地上好久都不起来——这个人就是张六官，聚集送葬的人都很震惊。

陈樟以"心如秋月"之明静，待人"气如春风"之和煦，达到了"里中第一"的地步，其学识修养是何等的深厚，其精神境界是何等的高尚。

龚自珍与清江浦

◎朱维明 / 文

道光十九年（1839），曾任国史馆校对10多年、经过6次会试方中进士但未得入翰林的龚自珍，一则因不满"内阁中书"这一虚职无为，一则因屡揭时弊而屡遭权贵排挤，决计辞官南归杭州。当年六月至十二月间，他沿大运河两度往返北京杭州之间，两度驻足清江浦，也就在这期间，他与清江浦的名伶灵箫演绎了一场才子佳人缠绵悱恻、生离死别的故事。

话说龚自珍六月初离京，一个月后抵达清江浦。他此趟回杭城是为安顿辞官归隐后的生活作准备，所以只身一人，未带家眷。船过清江浦楼，龚自珍在大闸口前的水门北侧码头舍舟登岸，淮上文友丁晏、鲁一同、吴昆田等早已迎候多时。一番寒暄之后，自然是引至清江浦最负盛名的酒家——忘归楼洗尘。

酒过三巡，菜过五味，龚自珍突然咂起嘴来，像是要仔细品出什么味来似的。同桌的鲁一同忙问："定庵兄，是什么菜不对您的胃口吗？"自珍笑着说："诸位，几年未到清江浦，怎么这忘归楼的菜肴如此鲜美啊。"清河县丞忙叫来老板一问。老板听问，点头哈腰又颇为得意地解释道："各位客官大老爷，敝酒楼菜肴之所以受到您的抬爱，一则因为敝楼大厨既有来自京师的，又有来自扬州、苏州、杭州的，手艺自然高人一等，另外，敝楼的酱油、香醋是自家酿造的，这才是敝楼菜肴鲜香、味高一筹的关键。"老板接着又介绍："敝某何姓，来自宁波府。祖上一直都是制酱油、酿造醋的。尤以酿制清汤酱油（即今天所谓"白汤""生抽"酱油）为浙江一绝。道光十五年，我等随跑单帮的族人来到南船北马、官衙林立的清江浦，开办了自己的冠以浦楼酱园的酱油、香醋作坊。近年发现，

清江浦乃淮扬菜兴盛之地，天下佳肴美食的汇集地，漕粮、淮盐必由孔道，国朝治河中心，再加上此地官商云集，因而我等又开设酒楼。因为敝坊酱油的原科主要是山西黄土高原的黑豆，香醋的主要原料是两湖的糯米，再加上用心酿造，工艺独特，所以能在清江浦一炮打响，并且还带动了酒楼的生意。"龚自珍听得连连点头，并让老板准备酱油、醋各两坛，要带到杭城分享诸友。

酒酣席散，主客拱手而别。龚自珍住进友人早已安排好的驿馆，正待掩扉卧眠，却见当年曾鼎力资助过的同年进士何亦民从外间引出一青娥。他向龚自珍笑道："定庵兄一路孤行，山水劳顿。此番抵淮当多留几日。为免仁兄孤寂，特遣棋琴书画稍有所识的丫头灵箫前来服侍，望不嫌鄙陋。"龚自珍本已困倦，且酒多半醉，灵箫的彻骨清秀和绝尘冷艳却让他怔怔看了好久。

几日间，灵箫为龚自珍援琴拂弦，与他弈棋和诗，加之殷勤服侍，龚自珍喜不自胜，相见恨晚。灵箫也同样为他的才情折服，终日缠绕在龚自珍身边，时而若依人小鸟静默不语，时而若大家闺秀口若悬河。龚自珍为了灵箫，几近杜门谢客。

转眼过去5日，龚自珍在灵箫的嗫求下，一改不谒寺庙的习惯，竟陪着灵箫到慈云禅寺烧了一柱还愿香。这天中午，龚自珍在忘归楼回请何亦民诸君。席间何亦民笑问："灵箫这丫头伺候可好？尚可与您磨墨论书？"自珍以诗作答："美人才调信纵横，我亦当筵拜盛名。"（见《己亥杂诗》101首）何亦民又问："仁兄若不见弃，不妨把灵箫带回杭州好了。"自珍沉吟半晌，淡淡一笑道："此番回杭州，杂沓事情很多，况且还要回京，还是下趟来再

说吧。"灵箫闻听此言，也只垂下眼帘，细叶般的眉梢轻挑了一下。

第二天大早，灵箫早早起身，收拾自珍的行旅什物。龚自珍计划于卯时乘船启程赴杭州，但他起身时，已是寅时。洗漱之后，享用了灵箫做好的早餐——清汤猪蹄和蒸饺。

临行前，龚自珍拉着灵箫的玉手在身边坐下，爱怜地说："灵箫，这几日辛苦你了。我该怎样谢你？"灵箫沉默一会儿，小声说："大老爷，这都是小女该做的，不必谢什么。"自珍从怀里掏出一只串上金链子的丁香花翡翠坠子塞到灵箫手心。

"你拿着，我以后想办法带你去杭州。"

"不，不。大老爷，小人不能要您的东西，也不想跟您远走。我只是一个下人，今生能有幸伺候您，就很知足了。"

"那你总得让我谢你一下吧。"

灵箫迟疑了一会儿，轻声说："那您下次还来清江浦吧。"说完，抹着没能忍住的眼泪跑开了。

十月，龚自珍打理好杭州的事情，便往北京去。到月底，又到清江浦。龚自珍在《己亥杂诗》自注里写道："己亥九月二十五日，重到袁浦（即清江浦），十月六日渡河去，留浦十日，大抵醉梦时多醒时少也。"当然，这10天里，不离龚自珍左右的自然是灵箫了。可以说，这10天也是龚自珍生命的最后几年里（3年后的1841年9月26日，他在丹阳暴病而卒）最潇洒快意的时光。

这10天里，灵箫不仅陪龚自珍去了清江浦的慈云寺、文庙、荷芳书院，还乘船去了淮安府的萧湖、文通塔、镇淮楼等风景名胜之地。最让龚自珍开心的是，灵箫与他一边欣赏清江浦美景，一边吟诗作对。灵箫的娇媚与才情让龚自珍恋恋不舍。在龚自珍即将继续北上的离别之夜，灵箫偎在他的怀里泪湿枕巾。龚自珍安慰她说，不过两个月即归，一定将灵箫带回杭州，要她不必难过。

龚自珍去北京后，灵箫没有回何亦民家，而是租住在临近运河、可见帆樯的客栈里。每日除了调理宫商、临帖作画外，几乎不出房间，更多的时间是推窗眺望远方的船帆，希望看到龚自珍落拓不羁的身影。

日子一天天过去，一晃过了冬至，竟还不见龚自珍返来清江浦。灵箫一天天消瘦下来，窗外的风也一天冷过一天，偶尔还有一两天飘雪的日子。灵箫总在为龚自珍的失

信失期找理由找借口，甚至相信他没有写一封信来也是因为事情太多太忙。

新年又快到了。这天，灵箫没有像往常一样推窗远眺，不是因为寒冷，而是她病了。白天里，她浑身时冷时热，两眼混无光，头痛难忍。天黑了以后，清江浦的上空噼噼啪啪响起爆竹声。已经被病痛折磨的迷迷糊糊的灵箫突然掀开被子，腾地一下，赤脚跳下床去，砰地一声推开窗户，欣喜若狂地对着黑夜喊道："龚大人，您终于来接我了！"她痴痴地看着不时腾空而起的爆竹烟火，似乎想跟着一起升腾消逝。忽然，一阵寒风吹来，只见她"哇"的一声吐出一口血来，就一下子趴倒在窗台上。

龚自珍何以会失信于这样一位多才多艺的痴情女子呢？原来，龚自珍是带家眷（原配夫人是著名文字学大家、朴学大师段玉裁的外孙女，早在自珍22岁时就因误诊而卒。现任夫人何吉云是续弦）回杭州，途中他与夫人说起过准备纳灵箫为妾的事，没想到何吉云死活不肯，并且在船过清江浦时，夫人以死相威胁，使龚自珍的船连岸都没能靠。一直到了镇江，夫人方许龚自珍上岸行走。待龚自珍偷偷将书信寄出时，偏偏镇江又逢大雪，又耽误了许多天。直到灵箫命归黄泉之际，龚自珍的信还没有寄到。

后来，龚自珍得知灵箫的不幸，悲痛欲绝。他汇去银票托人厚葬灵箫于板闸东面向运河的一片闲旷高地，并请人将灵箫在清江浦的诗词手稿带回杭州，并从此戒绝饮酒，沉湎于思念灵箫之苦中不能自拔。后来，龚自珍为此写了许多悼念灵箫和自责悔恨的诗，其中一阕为：

几经京杭泊袁浦，
我得我失灵箫苦。
运河悠悠三千里，
只恋板闸一抔土。

敢骂皇上的漕运总督李三才

◎王卫华/文

封建社会，君叫臣死臣不敢不死，臣子哪敢骂皇上。但在明代的清江浦，有一位漕运总督，先灭了皇上派出的太监，再上疏责骂皇上。这人就是人称漕运总督兼淮抚又称凤阳巡抚的李三才。坐镇清江浦13年，打击强征矿税的太监陈增，上疏骂皇上抵制矿税的奏析。李三才离淮时，老幼提携，填街塞巷，拥舆不得行。他责骂皇上的奏本文采太漂亮，翻译成白话文如下。

自打矿税兴起后，千万的百姓都失业了。皇上您是万民之主，本该给他们衣裳，却非但不给反而夺走他们的衣裳；您本该给他们食物，却非但不给反而夺他们的食物。您派出的这些征税特使，出动急急如流星。到了地方，搜刮之全面，连牛毛这样小的地方都不会漏掉。今天到某个矿征得多少银，明天还会去那里多征多少银；今天在某地收税多少，明天还会来加征多少。今天某位官员因阻挠他们胡作非为的征收而被他们逮捕下狱，明天又有某官怠收矿税而被他们罢官。上上下下争先恐后，都是与民争利！

如到我职内所辖地区征税的太监有，负责徐州矿税的是陈增，仪真是暨禄；负责扬州两淮盐业的是鲁保，负责沿江芦业征税的是邢隆。我这辖区仅区区一千平方华里，您派出的太监们已密布如麻。他们已如虎狼，还收罗地痞无赖亡命之徒为虎作伥。比如中书舍人程守训，尤其肆无忌惮，假借皇上旨意，敲诈钱诈，一敲就是万两以上。昨天淮安府运河同知陶允明来说，那些您派出的内廷中使，不给钱就挖人祖坟，非给钱才肯罢手。听到这些，陛下您心安吗？还是心不安？为一人之心，易失万人之心呀！皇上爱珍珠玉石，百姓只想得到温饱；皇上想传位万代，百姓也爱护妻子儿女想传宗接代。不料想，皇上只想要黄金而不要万民的景仰，您是不想百姓家有一斗数升的糠粃作余粮吗？皇上是想自己子子孙孙传下去而让百姓朝夕难过吗？看一下以前的典籍，什么时候有过这样的朝廷命令、天下有如此情景而不大乱的呢？

将错就错麒麟童

◎朱士元 / 文

周信芳故居陈列馆

周信芳 1895 年 1 月 14 日生于清江浦，是中国京剧表演艺术家，京剧麒派艺术创始人。

天资聪慧的周信芳稍懂事时起，接触的就是戏服、锣鼓、琴声。耳濡目染，他与京剧特别亲近。5 岁时，他也曾进过私熟，因经常跟随父亲周慰堂出入码头，后来只得辍学。平时母亲教他试唱，开始教的是《文昭关》中的"一轮明月照窗前"那一段（二黄慢板），周信芳竟唱得朗朗动听。那一年，父亲周慰堂跟随戏班在杭州唱戏，见儿子聪明、有悟性，对京戏也很有兴趣，便让周信芳拜在陈长兴门下练功学戏。陈长兴是杭州嘉湖有名的文武老生兼花脸，《焚绵山》《独木关》《芦花荡》等都是他的拿手好戏。陈长兴教周信芳的开蒙戏是《黄金台》，接着又教他《一捧雪》《庆顶珠》等戏。不久，周信芳又跟王九龄的弟子王玉芳学老生。周信芳不仅生性聪慧，而且学戏十分勤奋，从师不到一年就学会了好几出戏。

周慰堂那时在杭州演出时心想，京剧舞台常出现"小京班"，何不让自己的儿子也试试。他把周信芳叫到跟前说："儿子，你今夜上台给我配戏吧。"周信芳学戏一年多了，每天晚上又都在台侧看戏，心里也早就痒痒的，跃跃欲试。如今父亲要他上台，他不仅不慌张，相反很高兴，便满口答应："行！"于是，周信芳的父亲给他排了半天戏，便决定上台了。第一次上台用什么艺名呢？他父亲灵机一动，孩子不是 7 岁嘛。就叫"七龄童"吧。

上台演出的前一天晚上，在拱辰桥的天仙园门口贴出了新海报，上面写着"金琴仙，七龄童献演《黄金台》。"《黄金台》这个戏写的是齐湣王宠幸邹妃与太监伊立，伊立诬陷世子田法章无礼于邹妃。齐湣王大怒，擒斩田法章。法章逃出，幸遇御史田单，田单把他乔装成自己的妹妹，瞒过伊立的搜捕。最后又买通把关兵卒，蒙混过关，得以脱险。周信芳扮演戏中的娃娃生田法章。他虽然正式首次

176

登台，但一点也不惊慌，演得情状逼真，稚气可鞠，十分动人。观众非常喜欢这位聪明慧黠的小演员，大加赞赏。就这样，初登舞台便一炮打响。

出了名的周信芳很受广大观众的喜爱，提起他的艺名，还有一段将错就错的传说。

周信芳12岁那年，跟着戏班子到上海演出，唱娃娃生。当时，因为早已超过7岁，故而艺名又改为"七灵童"。唱打炮戏的前一夜，前台照例要贴海报，戏班特地请了一位擅长书法的老先生来写海报。老先生姓王，是上海人。他在写海报时，把名字搞错了。因为北方话的"七灵童"和上海话的"麒麟童"发音十分相似，王老先生听了前台管事报的艺名"七灵童"，误以为是叫"麒麟童"，于是他依此写好海报，并且马上贴了出去。当时，后台忙着准备开锣，这件事没有引起大家的注意。

第二天，《申报》和《时报》都登出了"麒麟童昨夜演出"的消息。直到这时，班主才知道写错了海报，于是重新请人写了一张贴出去。可是，就在这天晚上开戏之前，许多观众却嚷着要看的是"麒麟童"，而不是"七灵童"。这样一来，班主只得将错就错，再次改写海报。从此，周信芳的艺名就正式改为"麒麟童"了。麒麟是我国古代传说中的一种动物，它的形状像鹿，独角，全身披着麟甲，是吉庆祥瑞的象征。为此，周信芳的父亲和班主还特地把他带到那位写海报的王老先生家里，点起大红蜡烛给王老先生叩头，感谢他给周信芳起了一个吉祥又动听的艺名。

从此，"麒麟童"这个名字一直屹立在京剧剧坛上，受到广大观众的赞赏。

周信芳塑像

周信芳、梅兰芳《二堂舍子》剧照

王瑶卿的故事

◎章侠 / 文

清江浦故事

一代京剧大师王瑶卿，青衣、刀马、花旦无一不精，《梨园佳话》有记："王瑶卿且中后起之秀也，幼以貌胜，好歌郎者群起相誉，号称状元王氏。"1904 年 4 月 23 日，即光绪三十年三月十一日，23 岁的王瑶卿第一次进宫，为慈禧太后唱戏。

王瑶卿面觐慈禧太后请安，见慈禧太后面目威仪、形态尊贵，不禁有点紧张。

慈禧问王瑶卿何处人氏，王瑶卿答：清江浦。

"清江浦"三个字让慈禧心头一颤，当年因奔父丧曾在清江浦泊岸，是吴棠雪中送炭的 300 两银子，才有了今天的自己。眼前这眉清目秀的后生来自清江浦，让她感到一种莫名的亲近。

聊起家常，继问排行，王瑶卿答：家中长子。

慈禧便直呼王瑶卿为"王大"，再见王凤卿时，称为"王二"，称呼中可见慈禧对王氏兄弟的垂爱，其实也是对清江浦的感念。

慈禧从咸丰时代就陪皇帝看戏。对于慈禧，京戏不仅仅是单纯的消遣娱乐形式，在某种程度上，京戏也是她获得更多知识与教育的一个体面途径。从欣赏到受教，她对于京戏的喜爱程度日益加深。不仅精通音律，还亲审剧本，甚至对演员在身段动作、唱念、穿戴、场面、龙套等方面都提出了要求。

王瑶卿在宫中演出，与其他伶人的区别在于他处处留心。为慈禧太后唱戏时，更是细致地观察慈禧言行之细微处，在后来出演《雁门关》中的萧太后时，借鉴了慈禧的行为举止，演活了萧太后，使戏曲人物形象的塑造达致高峰。《雁门关》在戏剧史上也被誉为"不可不记之好戏"。

王瑶卿每出戏皆从体会剧情出发，揣摩人物心理入戏，并大胆改变了青衣刻板无神"抱肚子唱"的老程式，把"像是真人真事"的表演和人物唱腔连在一起，塑造出众多个性鲜明的角色。由于年轻，他的改革起先未被行内认可，反对声响成一片。这时，慈禧看了王瑶卿的戏后大为赞许，发话："王大演得好。"而且重赏了他。

因慈禧的认同与赞许，梨园各类唱工行当都努力把身段表演与人物唱腔相结合，奠定了京戏作为表演艺术的新根基。

有了慈禧的肯定，王瑶卿在舞台实践中更为大胆，他把青衣沉静端庄的风格，花旦活泼伶俐的表演，以至于武旦的武打工架等，都捏在一块，熔为一炉，创作出一种唱、念、做、打并重的旦行。即青衣、花旦、刀马旦相融，三行兼唱。青衣的称谓也叫青衫，大家给它起了一个新名词叫"花衫"。"花衫"行当曾被誉之为"非青衣、非花旦，卓然自成一家"。

慈禧也越发喜欢王大不断的创新演出，并不吝夸奖和赏赐，清升平署档案中可以找到记载王瑶卿受赏的记录。比如赏银 200 两，赐炖牛肉一碗。王瑶卿在痛悼谭鑫培的文字中曾有"忆赐珍赐膳赐金"之句。

据王瑶卿后人说，最大的一件赐物为一凤柜。柜为一组两只，一只雕龙，是宣统皇帝结婚时置于新房，现存于故宫。另一只镂凤，"文革"时被毁。

北洋三杰之虎王士珍与清江浦的缘分

◎王卫华 / 文

史称袁世凯北洋新军的有"虎、豹、狗"三杰，"虎"是王士珍，"豹"为段琪瑞，"狗"则是冯国璋。

王士珍为"虎"，官也极大，却没有一点虎的样子，看上去就是个干瘦的老夫子。清光绪三十三年，他以一品大员、兵部右侍郎兼江北提督赴清江浦上任，身边只带着一个仆从，没有其他随行人员。

光绪三十四年十月二十日，清廷举行太湖秋操，通知王士珍率驻清江浦的江北新军参加。此太湖不是无锡苏州的太湖，而是安庆下辖六县之一，位于皖山之西与宿松交界处。检阅大臣为陆军部尚书荫昌、两江总督端方以及安徽巡抚朱家宝等。

江北新军队列整齐，由清江浦出发。百姓涌入十里长街，夹道欢送。

细心的百姓发现了新奇事：队伍的辎重队中，拉有不少标有"无铅箭""饼饵"的箱子，上面还有江北提督府的封印。什么叫无铅箭，什么叫饼饵？百姓纷纷议论。其实不要说百姓不清楚，就是江北新军的士兵也不清楚这是什么东西。问问长官，得到的回答是："无关自己的事不要多问，没有军令不得打开！"长官们这样回答，自己心中也是不解。转而问王士珍，王士珍一副老学究的模样说："用无铅箭，操演中不易伤到对方。饼饵是我们江北新军新研究出来的淮扬菜品，是用来犒军的。"听提督如此说，大家更是疑惑，一是新军已用新式枪炮，并不用弓箭，操演何来无铅箭，又何来伤人一说？亦未听说淮扬菜新近出了饼饵一品。但上峰就是上峰，上峰的话错也只能当对。这个问题无解也就当了有解。

太湖秋操尚未结束，光绪皇帝和慈禧太后于1908年11月14日和15日相继驾崩。安庆的新军第三十一混成协炮营队官熊成基，趁国丧之际，联络秋操中革命志士率马炮营新军千余人在安庆起义。清廷令王士珍率江北新军镇压。接到命令，将官慌了——参加秋操，要求不带子弹炮弹，带的军费也不多，如何立马就能开战？此时王士珍命辎重队将标有"无铅箭"和"饼饵"的箱子抬进中帐，召集将官开会。他当众命人撕下封条，打开箱盖。原来"无铅箭"的箱子里装的全部是子弹，"饼饵"箱里全是银元。大家万分佩服，王士珍原来事事都比别人多想两步。

王士珍迅速部署出击，安庆马炮营新军的起义失败。

不久，溥仪继位，其生父醇亲王载沣摄政。载沣见袁世凯功高盖主，令袁世凯回家养病。袁世凯退养后，王士珍为报袁世凯知遇之恩，也申请辞职。因他镇压秋操新军起义、捍卫清廷有功，清廷不肯批准。但王士珍一辞再辞，直到宣统二年（1910）才获准。到了宣统三年（1911），武昌起义爆发，袁世凯复出。袁世凯再掌清廷大权后的第一个奏折，就是让王士珍襄办湖北军务；袁世凯当上总理后，王士珍就成为陆军大臣……

179

异乡神童赛珍珠

◎朱士元/文

原老坝口小学是清江浦境内一所历史悠久、底蕴深厚的小学。学校四周绿树环绕，芬芳四溢。世界著名作家、诺贝尔文学奖得主赛珍珠的童年曾在这里度过。这里是她最初从美国来到中国之地，也是她的人生启蒙之地。

赛珍珠幼时资性聪敏，能流利地讲一口中国话，被人们称之为"神童"。她在清江浦一位老保姆的哺育下，慢慢学会了华语，懂得了很多人间酸甜苦辣。她周围的生活环境，给她带来了无限的生活乐趣，让她与脚下的这块土地结下了深深的情谊。

有一天，老保姆带赛珍珠来到小河边玩耍。忽然，一只小螃蟹从水里爬到岸上，引起了赛珍珠的极大好奇。她问老保姆奶奶，这是什么呀？老保姆奶奶用手指了指告诉她，这叫螃蟹。她又问奶奶，他会咬人吗？老保姆奶奶说，你不碰它就不咬你。

尾随在小螃蟹后边的赛珍珠，看着螃蟹走路有点怪，就问奶奶，这小螃蟹走路怎么是横着走啊？老保姆奶奶告诉她，这螃蟹啊，它与别的小动物不一样，走路就是横着走的。为什么呀，奶奶？这个呀，一两句我也说不明，里头还有一定的奥秘呢。什么奥秘啊？珍珠啊，这个我只是以前听我的舅舅说过，说是在很早以前地磁南北极发生了多次倒转，让螃蟹体内的小磁体失去了原有的定向作用，没办法走路了。那可怎么办呀？你猜怎么着，螃蟹采取了以不变应万变的法儿，不前进也不后退，干脆横着走。这能行吗？行，这么多年下来，螃蟹一直都是这么走的。赛珍珠眨了眨眼睛，看着小螃蟹向远处爬去。

后来，赛珍珠把这次看到的和老保姆奶奶所讲的经常讲给周围的小伙伴听。站在一旁的大人们听她讲得头头是道，都夸她真是个"神童"啊。

对于赛珍珠的好奇，老保姆总是想方设法满足她，尽量解开她的心头之谜。田里的庄稼是怎么种出来的，野兔

赛珍珠

怎么不到家里来住，鱼儿在水里吃什么，发大水时怎么会把庄稼淹死，荒年怎么会饿死人，瘟疫怎么会传染，土匪怎么会害人，听得赛珍珠津津乐道。正是这些好奇，给赛珍珠积累了不可多得的知识。

1892 年 6 月 26 日出生的赛珍珠，四个月后随父母远渡重洋从美国来到了清江浦。后来，这位在中国水土中孕育成长的美利坚基因"珍珠"在世界文坛大放异彩，而英文本名遂为所掩。可以这样说，在赛珍珠一生创作的作品中，最有影响的几乎都与清江浦生活习俗有关。在清江

清江浦故事

浦生活的这段情结，在她幼稚的心灵里留下了深刻的印象，对她后来的成长和创作实有很大关系。

赛珍珠一生创作了85部作品，《大地》是以中国农村为背景反映中国农民生活的小说，发表后立即成为畅销书。作品以1921年的夏季淮河流域"超过5个月，为本世纪历次大洪水中历时最长的一次"的洪灾为真实背景。突出描绘了淮北一带农村的生活情景，"整个春末夏初，水不断高涨"；漫长的夏天里土地都被淹没在水中，只有

美国作家赛珍珠的长篇小说《大地》电影的拍摄现场

基督教钟楼

秋风起时，大水才退去。书中农民与自然灾害作斗争的情节成为赛珍珠表述中国人民抗争精神的强力表现。正是由于"她对中国农民生活丰富而真实的史诗般的描述……"终使赛珍珠的这部《大地》成为1938年度诺贝尔文学奖得主。

晚年赛珍珠最大的愿望是回到中国的家。1972年尼克松访华，打开了中美友好的大门，触动了赛珍珠再访儿时生活地清江浦的念想，但回乡之旅终未成行。1973年3月6日，赛珍珠逝世于佛蒙特州丹比城，安葬在宾夕法尼亚州费城郊区格林山农庄。美国总统尼克松在悼词中称赛珍珠是"一座沟通东西方文明的桥，一位伟大的艺术家，一位敏感而富于同情心的人"。周恩来总理赞誉："赛珍珠是著名的小说家，对中国人民怀有深厚的感情，在抗日战争时期同情中国，是中国人民的朋友。"而在赛珍珠的墓碑上，仅刻了她自己生前设计的中文篆书体印章"赛珍珠"三个字。

赛珍珠，这位神童的名字一直留在清江浦人的心中。

郎静山

郎静山拍摄张大千作画过程

郎静山：
晒出来的画像

◎ 刘艳梅 / 文

　　六月柳上蝉鸣如哨。清江浦的留云阁照相馆，一排格栅扇窗下，一身着长衫的男孩默然站立，一双大而有神的眼睛盯着慢慢呈现影像的照片发呆。

　　此刻，远在都天庙前巷27号的郎宅大院里，去叫少爷吃饭的家人把整个大院翻了个底朝天，也没找到少爷的人影。郎老爷一边斥责下人禀报来迟，一边急命全家出动，一定要把少爷给找回来。

　　家人有的直奔私塾，有的沿路挨家挨户地询问，不一会儿，整条街都知道郎宅的少爷丢了。

　　年近六旬的郎锦堂生有三子。长子因不满家父为其订下的婚约，又不想背叛自己相中的普通人家的女子，吞鸦片自杀。未满周岁的次子身感风寒，不幸早夭。三子静山自小聪慧，熟读四书五经，善背《唐诗三百首》。5岁入私塾，学业更有长进，让郎锦堂很是欣慰。

郎静山故居

故居内景

郎家最后一根独苗要是在自己手里出了意外，还有何脸面去见列祖列宗。郎老爷一路寻，有说早上见到，更多说没见到，郎老爷子的心越来越沉。不知不觉，郎老爷走入了留云阁，老板忙迎了上来，听说要寻少爷静山，佣人说刚才路过窗外好像站了个男孩。

跑近一看，正是对着慢慢呈现影像的照片发呆的静山。又惊又喜的郎老爷，一边和老板道谢，一边责怪下人看管不力。

三年前，私塾路上静山的双眼就不够使了。卖糖粥的、卖汤圆的、炸油条的、卖豆腐脑的、卖糖葫芦的、卖五香茶叶蛋的，热闹非凡。很快，静山就把注意力放在了几家照相馆上，那些慢慢呈现出画像的神奇景象，让他很是好奇。之前，他在书上看过很多画像，可那是一动不动的，天天如此，月月如此，年年如此。再有就是，平时家父常邀请一帮画家朋友到家在草棚作画，那些画像是用笔墨画出来的，也是一动不动的，和真实的人物或景物相似却不

郎静山作品：湖山揽胜（40cm×296cm）

全似。而照相馆那些晒出来的画像，却和真人一模一样。家里也悬挂着一张父亲母亲和外婆的合影照，和真人一模一样，难道他们也是这样晒出来的？这个念头一直在小静山脑海萦绕，尤其在睡梦中。

听了静山的话，郎锦堂眉头舒展。之后，只要去上海，都会带来大量的照片送给静山。

从此，家人只要寻不到少爷，就会直奔照相馆。他们不知道他们眼里的"呆"少爷，已经有了新的梦想，如何把山山水水、小舟、松树，还有家中的仙鹤，一起搬到画像里。

苏皖边区政府旧址

苏皖边区政府旧址纪念馆：十年征战几人回，又见同侪并马归，江淮河汉今谁属？红旗十月满天飞。"

景点推荐

占地约 1.2 万平方米，展陈面积达 5000 平方米。整个纪念馆由两大区域组成：一为新建的陈列馆，二为 60 多年前唯一由新四军创建的民主联合政府——苏皖边区政府所在地。基本陈列分为 4 个展区，即苏皖边区革命史陈列、苏皖边区政府主要领导人和部分厅局办公场所原状陈列、苏皖边区政府交际处原状陈列和李一氓生平事迹陈列及李一氓同志骨灰敬洒处。

主题特色

江苏省爱国主义教育基地、全国重点文物保护单位、国家 3A 旅游景区及全国重要的红色旅游资源之一。

位置定位

淮海南路 30 号

苏皖边区革命史陈列

苏皖边区革命史陈列糅合了传统和现代陈列手法，结合历史图片、文字、实物资料及等离子、场景、声、光、电等表现手段，饶有趣味地介绍苏皖边区分片创建、连片统一、分区坚持敌后并相继解放等波澜壮阔的斗争历程，重点突出了苏皖边区政府和革命前辈的丰功伟绩。

苏皖边区党政军领导人群像

1945 年冬至 1946 年春，京杭运河春修工程建设场景

解放区人民支援前线

苏皖边区政府主要领导人和部分厅局办公场所原状陈列

李一氓：苏皖边区政府成立后出任政府主席，主政苏皖，政绩斐然。

志士生成肝胆多，万花种就江山阔。

李一氓为三师壮行

◎钱万平／文

1945年共产党解放淮阴淮安以后，党中央着眼于未来全国形势的发展，敏锐地认识到占领东北是关键，于是抢在国民党之先，派出一大批力量尽可能地占领东北各地。新四军三师就是在这样的背景下离开淮阴奔赴东北的。

新四军三师接到奔赴东北的命令是1945年9月23日，当时苏皖边区政府还没有正式成立。三师的一部刚刚打下淮阴城，可以说是未及洗尘就又征战了。李一氓在淮阴以苏北区党委副书记的身份尽地主之谊，为三师送行。

李一氓与三师感情很深，特别是师部和淮海区的十旅与之共同战斗了5年。他在后来的回忆录中曾经深情地写道："五年中，我与三师同志们共同工作，共同担负敌后

的一切灾难，我不能不怀忆生者，我更不能不悼念逝者。向82烈士，我致以布尔什维克的敬礼！"在著名的82烈士墓前，李一氓还亲自撰写了"由陕西到苏北敌后英名传八路，从拂晓到黄昏全连苦战殉刘庄"的楹联。

这次送行，李一氓诚心诚意尽显一位四川淮阴人的豪爽。李一氓亲自招待的是三师团级以上干部，共有100多人，十几桌，喝的是高沟大曲。李一氓幼年醉过酒，后来一般不喝酒。但这次是拼了命地表示自己的真诚，有种"宁可醉了酒，不愿恼了人"的淮阴人的风范。十几桌人，李一氓每桌都敬一杯，十几桌下来，真是够受的了。但大家喝得高兴，要每人回敬一杯，这怎么招架得了？李一氓

1946年，苏皖边区政府交际处叶园建成后，交际处处长徐平羽同志（二排右起第二人）与交际处全体同志合影

急中生智搞了"核讹诈"，说要回敬我可以，从黄师长（黄克诚）开始，每人5杯。黄师长是不喝酒的，这些军官们再能闹，在黄师长面前还是绵羊似的。黄师长也大发善心，怕李一氓真的喝醉了，出来调停，指定一位代表全师回敬一杯表示感谢，这才收了场。

四十几年之后，李一氓同志回忆起这次送行，还对三师的将士们充满敬意，为自己舍命敬了将士们十几杯酒感到自豪，并在回忆录中一一列出被敬过酒的将士们的名字。

这里还要补充说明一下，为什么要调遣新四军的三师去东北？当然可以理解为是党中央的全面的战略部署，不过，新四军三师师长黄克诚是最早向党中央建议派部队加强东北的新四军高级将领之一。1945年的9月14日，黄克诚就致电中央建议："东北既能派部队去，就尽量多派，至少应有5万人，能去10万人为最好。并派有威望的军队领导人去主持工作，迅速创造根据地，支持关内斗争。""山东应调3万人到3万人去东北，华中应调3万人到6万人去山东"，为加强苏北防御，"江南一个师主力应调回江北，只以一部留在江南活动。一师为新四军之坚强部队，目前向顽作战毫无希望，估计将来被截断之后会被迫打游击，以坚强主力去打游击，极为不利，故应迅速北调"。

黄克诚的建议与党中央的决策不谋而合。这也有可能是派三师去东北的原因之一。

叶园会议室

李一氓与方樵的故事

◎钱万平 / 文

老清江浦稍有点文艺知识的人都知道方樵这个名字。方樵是沭阳人，在清江市的人民剧场清江电影院担任过经理。但是，这位经理与大名鼎鼎的李一氓还有一段渊源，知道的人就不多了。

方樵原来是沭阳的一个艺人，1938年日寇侵占了苏北城市。方樵不愿在敌占区演戏，便遁迹故乡，蜗居一间草屋，寅食卯粮，靠近乎讨乞的唱门头词艰难度日。后解放区民主政权建立，时任沭阳县二区区长的吴石坚遇见了蓬头垢面褴褛不堪的方樵，了解了他的情况，很是佩服其民族气节，便引荐他来到抗日军队，任命他为文化教员。此后他容光焕发，精神抖擞，成为了一名抗日队伍里的文化战士。

方樵参军后工作积极，他教战士唱"数来宝"，打"莲花落"，鼓舞战士士气，宣传抗日主张。稍有余暇，就给战士唱"工鼓锣"：小鼓放在坐凳上，左手敲鼓，小锣挂在脖上，右手打，打唱念表，节奏和谐，一曲《打登州》振奋人心，受到战士们的热烈欢迎。他还时常根据战斗故事即兴创作，为战士编写新意唱段。

1944年，时任淮海地委副书记行署主任的李一氓根据当时根据地的实际情况，创办了以唱京剧为主的淮海实验剧团。了解了方樵后，便将他调到身边，专门从事剧团艺术工作。

李一氓塑像

李一氓根据郭沫若文章《甲申三百年祭》创作的《九宫山》，请方樵导演。在《九宫山》开排前，剧团设宴酬谢编剧和导演，李一氓举杯向导演方樵敬酒，方樵激动地说："我是个穷唱戏的，怎么能同李主任平起平坐呢？恐怕导不好这个戏。"李一氓说："我这个编剧的也不比你富，你只管大胆地工作，放心好了。"两句话说得方樵热泪盈眶。戏报上印了"编剧李一氓、导演方樵"字样。方樵看了含着泪说："我算是熬出头了！"是的，原本一个旧艺人，因为有民族气节，在穷乡受苦，落魄明志，现在受到党的重视，受到李　氓主席的重托，自己的名字还和大名鼎鼎的李一氓主席并列于《九宫山》戏报上，这怎能不使他激动万分。

1945年，由方樵任导演的剧团应邀渡过洪泽湖到黄花塘军部演出，受到新四军首长热情接待。这时候传来了抗战胜利的特好消息，大家无不欢欣鼓舞，庆祝胜利。接着剧团参与了南京伪警卫三师钟剑魂部起义的接待和演出工作，军部首长盛赞方樵排戏正规，导戏地道。

周恩来的堂弟周恩澍是梅派名票友，他当时来到清江浦时，方樵带领剧团和他配合，演过一场《刺汤》，也受到周恩澍的充分肯定。

晚年的李一氓在回忆录中评价方樵，说他"本事可大了，能唱能做，能文能武，熟悉各个行当的腔调，在乐器伴奏上，能打能拉"。并说当时"有了这个方樵，等于找到了一个全能的顾问，万事通的导演"。

李一氓与"娃娃剧团"孩子们的故事

◎钱万平 / 文

1946年元旦前夕，盐城起义的原伪二方面军暂编第四军四十师师长戴心宽将军带领一个京剧小班"娃娃剧团"来到清江浦，在苏皖边区政府大会堂演出《断太后》等戏，向苏皖边区众位领导拜年。李一氓主席看了戏以后，并不开心。

这是为什么呢？原来细心的李主席从这些小演员的音容笑貌中似乎看出这些孩子所处境况不会很好，隐约还有命悬一线的感觉，但是也没有什么真凭实据，且这个剧团是戴心宽将军的"掌上明珠"，事关统一战线大局，李主席也不好怎么过问。

可是后来发生了一件事：也就是那次演出以后，这个剧团回去后发现少了7个人——两位老师、5个小演员。数日后，起义部队来了3个手持戴心宽将军亲笔函的骑兵，直接要苏皖边区剧团放人，他们以为这几个人是苏皖边区剧团强留下了。当时苏皖边区剧团负责人沙惟火冒三丈："起义部队又有什么了不起，也不能骑在人头上冤枉人那？"沙惟还不知道这几个人躲在附近老乡家里，后来被侦察兵搜到了。这几个人见到沙惟，双膝跪地嚎啕大哭，说是见这里官兵平等，一定要留下，否则宁愿跳淮河也不回去。沙惟被这几个孩子心都哭软了，当即召开全团大会宣布："这7个人是咱们团的了，有戏同演，有饭同吃！"

正在沙惟慷慨激昂扮演着"英雄的解放者"时，那三个骑兵拿着李一氓的手令责令立即放人。沙惟气不过，跑到李主席办公室当面向李主席宣传"救民于水火"的大道理。李主席听了沙惟的一番大道理，睿智地笑了笑，那种笑像看孩子逞能逗英雄的笑，最后反问："那娃娃剧团还有几十个受苦人怎么办呢？"沙惟无言以对。

其实，这时候一氓主席已经在考虑既要过问孩子们的安危，又要妥善处理好与起义将领间的政治关系问题了。

1946年除夕，李一氓派新婚不久的吴石坚、汤化葵夫妻带领警卫班8个人，以整顿"建国剧团"的名义进驻盐城，戴心宽将军在团级以上军官酒会上亲自宣布吴石坚任建国剧团团长，汤化葵任政治指导员，原来的团长总务主任协助工作。戴将军还说："这对青年夫妻，是苏皖边区政府主席李一氓的干部，是华中军区首长专派的，是我的客人……"

吴石坚夫妻深入建国剧团才知道，这些演戏的孩子都是从北京招骗来的，都是立过"生死关书"的："车翻马踩，打死勿论……"夫妻俩见到这些孩子都是面有菜色，神情呆滞，便把情况汇报给李一氓主席。李主席立即批了钱粮，让这些孩子穿上整齐的衣服，改善他们的生活。那一阶段，吴石坚夫妻就是这些孩子的父母，共产党让他们在春天的雨露滋润下萌发新的生机。

后来这些孩子个个精神饱满，唱起戏来格外卖力，艺术水准也日渐提高。去前方慰问演出，深受战士们欢迎；往往一场戏下来，战士们会跳上戏台，抱起他们给予父兄般的温暖。

1946年春夏之交，新四军十纵队根据战争形势，将这个娃娃剧团交给苏皖边区政府管理。这个剧团经历了革命战争的洗礼，越来越坚强壮大，先后得到过毛主席、周总理、陈毅等老一辈革命家的关爱，最后定居上海。上海京剧院就是这个娃娃剧团的前身。

苏皖边区革命史陈列展厅

景点推荐

占地约 1.2 万平方米，展陈面积达 5000 平方米。整个纪念馆由二大区域组成：一为新建的陈列馆，二为 60 多年前唯一由新四军创建的民主联合政府——苏皖边区政府所在地。基本陈列分为 4 个展区，即苏皖边区革命史陈列、苏皖边区政府主要领导人和部分厅局办公场所原状陈列、苏皖边区政府交际处原状陈列和李一氓生平事迹陈列及李一氓同志骨灰敬洒处。

主题特色

江苏省爱国主义教育基地、全国重点文物保护单位、国家 3A 旅游景区及全国重要的红色旅游资源之一

位置定位

淮海南路 30 号

刘瑞龙，中共在南通地区早期领导人之一，历任江海特区特委书记、中共江苏省委农委书记、红二十九军政治部主任、川陕省委宣传部部长、红四方面军政治部宣传部部长等职。1939年随刘少奇赴华中参与创建淮北抗日根据地，任淮北行署主任。

刘瑞龙的故事

◎钱万平／文

抗日战争胜利后，刘瑞龙任中共中央华中局委员、民运部长、苏皖边区政府第一副主席。分工负责组织发动群众进行土地改革、惩奸清算和恢复发展生产等工作。这位革命一生，战斗一生，艰苦朴素、廉洁奉公一生，勤奋好学一生的老一辈无产阶级革命家留下了许多令人回味的故事。

紧箍咒

我们都知道如来佛为了控制孙悟空，给他套了一个金箍，一旦不听话，就念起咒语，令他求饶。刘瑞龙却是自己主动套了一个金箍在头上，这是一个银白色、约5厘米宽，像是医疗器械的东西。初见面的人往往百思不得其解。原来刘瑞龙长期处在极端频繁的战斗环境中，肩负着繁重的工作重担和高度的工作压力，很少有休息的时间，以致

经常头痛难忍，在医治手段极端缺乏的情况下，就用头戴铁箍来缓解头痛。有人当面问起他的这个铁箍，他总是幽默地说："我这是自我革命，经常念念紧箍咒，好提醒自己不要懈怠。"

敬畏之心

1946年的5月，为解决农民的土地问题，为赢得自卫战争做好准备，苏皖边区政府按照中央关于土改的"五四"指示精神，选择了淮安县鹅钱乡进行土改试点。当时的刘瑞龙需要隔三差五下乡调研，指导土改工作。一次，他同边区政府的几位领导一起去鹅钱乡调研，在刘圩乡遇到了时任石塘区农委主任的高端宝，在听取汇报石塘区的农委工作，无意中听说老百姓看到他们连同警卫

刘瑞龙生平陈列馆

一二十人骑着马来去，有点害怕。刘瑞龙听了，当场就表示从明天开始再来就不骑马了，还诙谐地说，"文官下轿，武官下马，我们共产党人对老百姓就要有敬畏之心。"从那以后，分局及边府领导下乡调研就尽量步行了，外出办事需骑马的，路过村庄必须下马牵行。

空军司令

1948 年冬，从苏北平原的上空俯瞰，一幅壮观瑰丽的画卷展现在眼前，在苏北平原上数不清的担架队、小车队、毛驴队以及看不到头的民工行列，像千百条小河汇入大海那样昼夜不息地涌向前线。在这铁流滚滚的支前大军中，有一位身着军装、头戴军帽、镇定自若的指挥者，站在队伍的最前列，指挥着这场历史罕见的支前工作，他就是曾任苏皖边区政府第一副主席的刘瑞龙。

提起这位空军司令，他在震惊中外的淮海战役中发挥的作用可大着呢。淮海战役中，刘瑞龙同志充分施展了宣传和组织群众的杰出才干。他动员和组织了几百万人的民工队伍，奋勇支援前线，以独轮手推车和担架为作战部队运送弹药、粮草和抢救伤员。

全国解放后，陈毅元帅曾说过："淮海战役的胜利是人民群众用小车推出来的。"当时华中版《新华日报》的战地记者徐熊在撰文中曾回忆："刘瑞龙这位战勤司令实际上是一位'空军司令'，这个空军司令可不是说他是掌管飞机的，而是说在他的手下只有一位秘书、两位警卫员、两位副手，几乎他手下所有能够上战场的人都被他派去战场了。"

季方，前全国政协副主席、农工民主党名誉主席。 早在青年时代，他就投身于辛亥革命、讨袁护国运动，后又参加北伐战争、抗日战争、解放战争，为民族解放和新中国的成立做出了贡献。他在担任边府副主席时还兼任高等法院院长，主管司法工作，为边区的法制建设做出了贡献。

清江浦季方得姻亲

◎钱万平 / 文

季方曾经担任过苏皖边区政府第二副主席兼高等法院院长。全国解放以后担任过交通部副部长、江苏省副省长。因为他是民主人士，1958 年以后担任中国农工民主党中央主席，后来任全国政协副主席。1987 年去世，享年 98 岁。

季方在清江浦时间不长，前后也就 10 来个月时间，但是他的儿女姻亲却结缘于这里。

当时的苏皖边区政府是由共产党在抗战时期控制的淮南、淮北、苏中、苏北华中地区 4 个根据地联合组成的。季方原来是苏中行政公署的副主任，又是资深的国民党左派人物（后来参加创建邓演达组建的中国国民党临时行动委员会，即中国农工民主党的前身），抗战时期，在苏中一带发挥过很大作用，所以作为苏中代表担任苏皖边区第二副主席兼高等法院院长。

苏皖边区政府在不到一年的时间里，仅就法令法规方面就颁布了 53 个，其效率之高可见一斑。在这个过程中，作为高等法院院长季方的贡献自不必说，其中最为重要的应该是得力于担任高等法院副院长、党组书记的徐凤笑。

徐凤笑，安徽濉溪人，资深的共产党人，在担任苏皖边区政府高等法院副院长之前曾经担任过豫皖苏边区联防委员会常务委员兼司法处长、淮北苏皖行政公署委员、常务委员、司法处长和法院院长，应该说是共产党内资深的法律法规专家型官员。

此前季方和徐凤笑没有交集，正因为在清江浦苏皖边区政府共事期间两位相识相知，后来两家还成为了儿女亲家。

季方与徐凤笑在清江浦时期，季方膝下有个独生女叫季明，徐凤笑有个儿子叫徐志坚。那时季明是小学三年级学生，徐志坚是小学四年级学生，他们都在模范小学（即现在的人民小学）读书。晚年的徐志坚还曾回忆说："我和妹妹被送到了当时淮阴市的模范小学清江小学读书。通过测试让我插班到了四年级，妹妹上了一年级……"徐先生记忆尤深的是："上美术课我总受到老师的表扬，在清江小学我第一次发现自己画画似乎特别有天赋。记得那时我画了一棵大葱，被老师作为优秀作品放在了学校的走廊里向全校展览，这使我大受鼓舞，画画的兴趣大增，并自认为很有才能。"

季方和徐凤笑这老哥俩后来随部队离开清江浦以后，季方担任了华东军区解放军官教导团团长，专门从事改造国民党投诚人员，徐凤笑则担任了党政干部组编成的黄河大队大队长、党委书记，工作上还时常有交集，也可以说相知更深。解放以后，季方的女儿季明和徐凤笑的儿子徐志坚在双方父母的撮合下结为夫妇，一直相濡以沫，白头偕老。

颇为有趣的是 1974 年，已经担任武汉政法委员会副主任的徐凤笑携老伴去北京看病需要用车子。那时季方享有公车，女儿女婿就私自借用公车，被季方知道了还狠狠批评了一通，责怪他们以权谋私，并说可以乘租车去，费用由他来出。老人家的原则性真是令当今人汗颜——此为花絮。

璀璨的里运河之夜

钵池山公园音乐喷泉之夜

八亭桥之夜

王若飞与若飞桥

◎戴书昌 / 文

若飞桥横架在古老的运河之上，桥下是有着600多年历史的文化遗存。这座桥原本没有名字，现在的名字是淮阴城第一次解放后命名的。

那是1946年，淮阴城解放，主管苏皖两省的苏皖边区政府设在淮阴。新政府一直致力于发展生产，改善民生。当时，对大闸上的这座桥进行修缮，以便人们往来于运河两岸。

在这座桥修缮建设当口，国共两党关于国共合作的重庆谈判正在紧张进行之中。1946年4月8日，王若飞同志携带着中共代表团就宪法、国民政府组成等问题同国民党谈判的最后方案，与秦邦宪（博古）、叶挺等，乘飞机由重庆返回延安，准备向中共中央请示汇报。因天气原因，能见度很低，飞机中途迷失方向，当日下午在山西省兴县黑茶山不幸失事，机上17人全部遇难。

噩耗传来，人们悲痛万分。为纪念献出宝贵生命的英雄们，当时的苏皖边区政府就将这座正在建设中的桥命名为若飞桥。后来，还把清晏园命名为叶挺公园，图书馆命名为博古图书馆。

时年5月，刻有"若飞桥"的石碑竖立在桥边。这行体现时代印记、饱含人民深情的大字成为大闸旁精心的点缀。该碑文由时任苏皖边区政府秘书长的张恺帆题写，并由碑刻世家传人刘德辅精心雕刻。

"若飞桥"石碑建立不久，国民党挑起内战，新四军北撤，国民党军队进驻淮阴城后将若飞桥石碑破坏并推下里运河。

清江市第二次解放后，清江市政府于1951年组织打捞碑石，结果只打捞出"若飞"二块碑石，"桥"字碑石未捞到。后来请时在淮阴县（现为淮安区）政府任职的程博公补写一"桥"字，石拼接在一起。碑的左边刻有"清江市人民政府重建"，右边刻有"苏皖边区政府建设厅建"。

这就是今天依然矗立在桥边的若飞桥石碑。细心的人一定会看出"桥"字和"若飞"二字有明显不同，即因不为同一人所写。

若飞桥下，流水无言。古闸上斑驳而光滑的印痕，透出浓重而久远的历史气息。站在若飞桥上，你能感受到历史的厚重，仿佛还能依稀看见皇帝下江南的浩浩荡荡，听见南船北马处的人声鼎沸，感悟投身革命的胸中大义。

今天的若飞桥，已经成为镶嵌在古老厚重运河文化长廊上一个鲜明的红色印记，是里运河文化长廊上的重要历史文化景点。

叁

景点推荐

1945 年 11 月 1 日，苏皖边区政府在清江市为纪念"四八"空难事件中遇难的王若飞同志等烈士，在大闸上修建木桥，命名"若飞桥"。

主题特色

近现代重要史迹及代表性建筑。

位置定位

里运河清江大闸上。

淮扬特色虾黄汤包 20元 30元 50元 预订

虾黄小笼 10元/3只

蒲楼（特色）小笼 10元/3只

翡翠烧麦 6元/只

小笼素蒸饺

香菇菜包

牛肉面

面 38元/碗

第四章 美食逸事

舌尖淮扬菜
皇妃"凤还巢"

◎安俊 / 文

自公元前 486 年吴王夫差开凿邗沟至后来隋唐大运河全线贯通，淮安即成南船北马枢纽、浩浩运河之都。清河马头镇、北辰坊等处的大食国商贾带来穆斯林清真风味的烹饪技艺，为淮扬菜筵席之一的全羊席埋下基石。宋太宗赵匡义下令编纂的《太平广记》中记载，酒肆勾栏鳞次栉比，佳肴迭出，比如盖浇面。明乐永乐大帝 1421 年迁都北京至清朝中叶，清江浦两岸官衙如林，商旅如潮，清淮

八十里，临流半酒家，烹坛高手云集，在淮争芳斗艳。尤以河槽盐榷衙署、淮北盐商私邸的金穴琼厨最具盛名，促成淮扬菜最终体系。这里面还有帝王皇妃一看回春的佳话，列位看官且听我细细分解。

话说"十全老人"乾隆皇帝效仿祖父康熙皇帝六下江南，1765 年正月，第四次江南行开始了。乾隆皇帝头戴黑色行冠，身穿石青色行褂、黄色行裳,脚上蹬着黑色缎靴,

坐骑是一匹白色骏马。陪他一道的是那拉皇后和令贵妃等众位妃嫔。不过，短短8天后，皇后就被先行走水路送回北京。而令贵妃从1756年生皇七女起，7年内又儿生女，身体并不好，此次执意随皇帝南巡，也是知恩图报为了去清江浦四公祠祭拜"慧贤皇贵妃"高佳氏的父亲、曾任江南河道总督的高斌。原来令妃实为汉人，出身梨园世家，曾为高斌家所蓄养昆班的女伶，被回家省亲的高佳氏发现与自己颇为相似，于是带回宫中。高妃考虑到自己膝下并无子嗣，于是推荐给乾隆皇帝临幸，并力挺其被晋封为魏贵人，此时对方才19岁。恩人高妃却已于乾隆十年（1745）病逝，自己被充作内管领清泰的女儿，暂时入孝贤皇后宫中，三年后册封为令妃。

二月十七日，经过一路舟车劳顿，令妃经常腹泻，虽有太医从旁医治，到清江浦时已经水米不进，只好留在河道总督府里医治。这可急坏了时任河道总督李宏，吩咐道："来人，快去请御医来。"御医来了，上前查看，回复道："总督大人，令贵妃已牙关紧闭，气如游丝，即便是汤水也是灌不进一口哇，更不要说服食药石了。饶恕下官亦无能为力！"总督旁边一位安氏幕僚进言道："禀告大人，自宋朝名医杨介以来，淮上民间名医众多，高手如云，何不张榜悬赏得之？"总督听后觉得有道理，遂派人张榜招募，果然求得一位杨姓医生。号脉后说道："回禀总督大人，贵妃这样子确是体虚身弱，加之长途车船劳顿所致。至于如何为贵妃凤体施治，眼下只有香薰之法。请大人安排下人去集市买来10只老母鸡，宰杀洗净，祛除内脏；还要十个洗干净的猪肚子。下面就看我的吧。"李总督立即派人照办。只见杨名医在猪肚子里塞入黄芪、当归、枸杞等中药，再将猪肚塞入鸡腹中，然后在令贵妃病榻四周点起火炉，将十只塞有药肚的鸡在汤中煮沸生汽。一时间，贵妃屋中香气四起，沁人心脾，药力逐渐沁入令贵妃体中，生生地将贵妃娘娘的病熏好了。到了晚上，令贵妃喝着老母鸡药肚汤，已经半躺着进些食了。乾隆一个月后南巡返回，看到令妃气色红润，连忙问询李宏："爱卿是用何药医好令贵妃的呢？"李河督回到："回禀万岁爷，是一个没有名字的老母鸡汤。"乾隆皇帝说道："吩咐下去，朕

也要尝尝。"李河督立即吩咐庖厨准备。等到鸡肚汤呈上来时，乾隆皇帝用汤羹舀起来一品，大喜道："果然味香汤鲜还养人。"李河督说道："食坊风俗都称全鸡席叫'凤席'，全猪席叫'虎席'，龙虾席叫'海王席'。还请皇上为这汤膳赐名。"乾隆皇帝略加沉思，说道："这汤中有鸡便归了'凤'字，汤中当归，又暗含一个'还'字，要不就御赐'凤还巢'吧！"李河督当场应答："皇上圣明！"

次年，令贵妃又生下皇十七子永璘，清江浦人闻讯都说还是"凤还巢"来劲儿，补出了贵妃娘娘的精气神。再后来，这道"凤还巢"列入了淮扬菜名典"满汉全席"，也飘入了寻常百姓家，俗名唤作"肚包鸡"也。

淮扬美食"江淮一品"背后的故事

◎安俊 / 文

"江淮一品"是淮扬菜中的佼佼者，其主料为甲鱼裙边，原名"烩鳖裙"。这道菜虽在其他地区也有人做，但真正将其做到极致的，那得数清江浦。

话说康熙十六年，河道总督衙门由山东济宁迁至清江浦，治河重心由治运保漕转向河运并治。乾隆以前，江南督抚兼管河务，大权仍归总河主持。及至乾隆朝，江督大权临驾总河之上。嘉庆皇帝要求治河工程方案的拟定与选择由督臣与河臣商定，二者之间的关系就变得紧密起来。有一天，两江总督孙玉庭为了堵筑工程，来清江浦办理材料，南河总督黎世序在清晏园宴请吃饭。两江总督颇敬佩南河总督的治河才能，与其同为进士。要知道在过去，同乡、同年和师生这三种关系是官场上最铁的关系，他们之间关系不用外人过多言语，便知非同一般，因此，以精品菜肴款待好友自在话下。黎总督已交待管家多次，必须让午膳做得精致而富有特色。饭厅设在荷芳书院旁边的精舍，竹林掩映，白墙黛瓦，一桌一凳，一几一案，敞亮温馨，菜肴精致，佳酒纯酿。

菜肴呈上来的先后次序很有讲究：首先是精致小碟，盛有醉虾、熏白鱼；其次是蒲菜烩肉圆。南河总督对两江总督说：西汉汉赋大家枚乘曾提议用小牛瘦肉炖蒲菜，其实猪肉配蒲菜更可口。蒲菜自带清香，烹煮过久易失香味，

猪肉炖至酥烂时，投入蒲菜，断生轻沸，即可出锅，鲜美无比。

两江总督孙玉庭吃了一口，立刻点头赞道：清而不淡，香而不腻，风味绝对。黎总督替孙总督夹了块白鱼，说："这个季节正是吃淮白鱼的季节。杨万里来淮曾作了《初食淮白鱼》曰：'淮白须将淮水煮，江南水煮正相违。霜吹柳叶落都尽，鱼吃雪花方解肥。醉卧糟丘名不恶，下来盐豉味全非。饕人且莫供羊酪，更买银刀三尺围。'详细介绍了烹煮方法。而苏辙《次韵子瞻题泗州监仓东轩二首》云：'梅生红粟初迎腊，鱼跃银刀正出淮。'贺铸《怀寄宝寇元弼》云：'旧国秋高鸿雁过，长淮水落白鱼肥，'淮白鱼的美味古今闻名。"

接下来的一道菜该上来了，却迟迟没有呈上来，原来是烩鳖裙。品尝此菜后，两江总督赞不绝口："食之肥美可口、软嫩相彰，实乃难得的珍馐。"此时，诙谐的南河总督黎世序开玩笑说道："孙大人，可曾听说这道菜名？这个菜名叫'江南一品'。"两江总督反应敏捷，心里嘀咕："江南一品"此说岂不是故意"调侃"自己？风趣的他立马回击道："此物颇通水性，应当是'江淮一品'。江淮一品，即河道总督也。"

同治元年，有位叫孙友梅的年方13岁，即随长兄孙

友桂入清宴园学厨。在署内从厨30年。40余岁时，因患眼疾，庸医误治，几近失明，被总管辞退。当时的淮关监督金声乃江淮间美食名家，同情其遭遇，不忍见其因目疾致残而失业废功，故力荐他到名医高月攀处求治。高氏数世悬壶，医术精湛，在本地及汉口、镇江、徐州、海州、盐城等地开设了七爿中成药店，专售独家秘方炮制的丸散膏丹，其中鹅毛管眼药疗效卓著，远近求购。孙友梅在其家中住了半年多，内服外敷，多方用药，终于稳定了病情，双眼逐步复明。为报大恩，自愿留在高家执庖近30年，不取分文，直至去世。高氏子孙对其十分礼遇，尊之为孙二老爹，并依祖训，为其养老送终。因此机缘，高氏后人也得到了孙友梅的真传，掌握了一些经典肴馔的烹饪绝技，成为两淮著名的美食世家。这项传统烹制技艺如今已列入非物质文化遗产。

江淮一品

美味"鸡火鳖"驻跸清江浦
——乾隆下江南的传说

◎安俊 / 文

诗曰：

清黄汇后清常弱，此号清江意寓深。

咨尔建牙督河者，体予保障恤民心。

春巡问俗欣犹昔，水驿行程数自今。

安福舻中梅一朵，江南消息递侵寻。

清江浦百年溯源，陈瑄开埠，环水地域，瑞泽城都，

江淮要冲、融南汇北。北马嚣鬃，南船舳舻，名流辈出，帝王垂青。南齐高帝、宋高宗、明太祖、明成祖、康乾盛世，无不在清江浦留下风流传奇，可谓高光时刻。前文诗词即是乾隆皇帝南巡在清江浦留下的《清江浦》七律一则。

相传，乾隆二十七年（1762）正月十二日，乾隆皇帝奉皇太后旨意从京师出发开始第三次南巡。二月初八渡过

淮扬美食盛宴

黄河，二月十三日至清河县治清江浦，巡视河务，督导漕运，勘治政务之余，自然少不了停舟靠码头，放松休闲一番。这天，乾隆皇帝与宠臣大学士纪晓岚及和珅乔装打扮后，一路游历至清江大闸附近，只见两岸店肆酒楼、烟馆青楼鳞次栉比，杂耍评书应有尽有，好不热闹。乾隆皇帝化名为黄三爷，龙心大悦说道："没想到出来一月有余，本以为江南美景已了然于胸，没想到江北也有如此繁华景致，今个儿我们就找家客栈住下，欣赏下清江浦的美景。"另外两位就寻觅着酒楼，只见一家打着"一席半斋"旗号的札幌迎风飘扬。纪晓岚找来路人打听下，对方答道："它家主人叫秦大有，不仅有白炮虾仁、清蒸鳜鱼、淮山鸭羹等淮扬名菜外，还有烧蒲菜、淮杞羹、青蔬野菜呢。还跟河衙官厨、盐商家厨打擂台呢，生意十分红火。也难怪，平常那些大佬官们已经吃腻了山珍海味，这回遇到以时鲜野蔬精制的素馔自然胃口大开。"于是，纪晓岚引导三爷、和珅入了三楼临窗酒桌坐下，推荐这发清新之味、显自然异趣、收养生之功的佳肴来。酒过三巡，华灯溢彩，灯红酒绿，人流如织，买卖兴隆。一向善于察言观色的和珅注意到万岁爷目不转睛地盯着一处街景，望着什么。和珅顺着望过去，原来是"俪芳苑"哇，不用多言，皇上这是"春心萌动"了，于是在黄三爷耳边小声说道："古往今来，袁浦烟波，佳丽如云，三爷您是否想阅尽人间春色？"黄三爷笑而不语，坐在一旁的纪大烟袋却不乐意了："和二，你尽出馊主意，三爷要务在身，哪有心思去那些个烟花柳巷呢？"和珅正要反驳，黄三爷已经发火了："好了好了，

都别吵了，回房睡觉！"话音刚落，他已经抬腿先走了。

和珅知道三爷风流倜傥绝不罢休，于是子时敲敲三爷房间的窗户，而后两人溜出去寻花问柳了。三爷与"俪芳苑"头牌几度缠绵后渐感体力透支，就与对方惜别后返回酒楼住处。哪曾想第二天，黄三爷从此病倒，茶饭不思，昏昏沉睡。纪大烟袋号脉一瞧，心里有数了，三爷是颠鸾倒凤过度，好好进补调养即可。就这样，来到酒楼后厨，问询庖厨，对方答道："需要老母鸡、火腿、老鳖等滋补品，辅以当归等药材、加之葱姜蒜末调味即可。"

傍晚时分，纪晓岚端上大汤碗的色香味俱佳的"鸡火鳖"来到黄三爷的病榻前。之前卧病在床、食欲不振的乾隆皇帝双眼一亮，惊奇地问道："爱卿，这是什么东西，如此香味扑鼻？"纪大烟袋回禀道："皇上，是微臣特意请淮厨为您烹制的'鸡火鳖'，您享用之后肯定龙体康泰。""'鸡火鳖'？没吃过，朕来品尝品尝。"一口下肚唇齿留香。乾隆皇帝不竟暗叫一声好。接着大快朵颐起来，不消一刻钟一大碗收入腹中，先前苍白脸色已经红润起来，精神状态大为好转。乾隆皇帝自己也觉得气冲丹田，又恢复了往日的英武，说道："极品！"汤羹乎？佳人乎？抑或兼有之！

蟹黄狮子头　遭难淮阴侯

◎安俊／文

建国以来许多重要国宴上，例如"开国第一宴"、周恩来总理宴请美国尼克松总统等，都有淮扬菜的身影。当时"开国第一宴"十五道主菜中，有淮扬菜"蟹黄狮子头"，掌灶师傅是玉华台的九位淮扬菜大师和特意从清江浦抽调而来的张文显和孙宝仁大厨。菜品追求本味，清鲜平和；肥嫩适中，蟹粉酥香，天南海北人士皆宜。其实这道菜的得名还与淮阴侯韩信遭难有关。

司马迁所著《史记》卷九十二·淮阴侯列传第三十二开篇即言："淮阴侯韩信者，淮阴人也……常数从其下乡南昌亭长寄食。"此处"下乡"是南昌亭的治安管辖区。中国自古称南为下、北为上，下乡在县域之南。郦道元《水经注》中介绍"又东过淮阴县北，中渎水出白马湖，东北注之。淮水右岸，即淮阴也……昔漂母食信于淮阴，信王下邳，盖投金陵以报母矣。东一陵即信母冢也。"指出了淮阴县地域在山阳湾的淮水右边即西岸，与今日清江浦区韩信城及以南（现城南街道办事处一带）吻合。

话说韩信不断习文练武，日趋精进，不久投入项梁、项羽的反秦起义军做个帐前执戟郎，后来未得重用，后改投刘邦，开始也未受重用，谁曾想还和十三名士兵犯了"坐法当斩"的死罪，待到前十三位士兵被一一砍头身首异处后，只见韩信镇定自若，高声叫道："上不欲天下乎？何为斩壮士！"言下之意"汉王你不是想得到天下嘛？为什么要杀掉壮士！"碰巧，刘邦少时朋友，与之共同起义的

"滕公"夏侯婴路过时听到心中暗暗称奇，连忙让刽子手刀下留人，说道"奇伟哉"，上前给韩信松绑，吩咐小校"且将信关入囹圄，等候发落"。原来，夏侯婴去向刘邦做工作了，怕牢里饭菜不合韩壮士口味，但是又不能明目张胆地为其开小灶。遂喊来自己的庖厨，令其烹饪一道菜：全猪肉做成，又不可让人识破！第二天，厨子前来复命。夏侯婴打开饭篮一看，只见四个黄中带黑、黑中带黄的坨子，不禁厉声喝道："哼，何为全肉也？何以黄山芋烤糊来糊弄？余出身困苦，尤忆当年山芋果腹，生存下去。来人，将其斩立决。"庖厨连忙喊冤道："滕公且饶命，何不先品鉴一番，再生杀予夺？"

夏侯婴一尝顿感肉香扑鼻，外焦里嫩，便问道："何种烹饪而出？"庖厨曰："皆为肉也。乃五花肉碎、葵花斩肉，雄狮之头，辅以蟹黄蟹肉、作馅拌入，捣鼓一番，再炸焦涂酱，有补虚养身、健脾开胃之功用。"夏侯婴大喜，于是对庖厨吩咐道"尔等依此法送至信。"后来，夏侯婴与萧何共同举荐韩信成功。刘邦破格任命韩信为大将军，就这样，韩信南征北战，东闯西杀，为汉朝立下累累战功，被刘邦封为淮阴侯，赐予"三不死"：见天不死，见地不死，见兵器不死。这道蟹粉狮子头也就流传下来，"登坛拜将"在淮扬菜名菜典中有一席之地。

蟹粉狮子头

狮子头

肆

唐明皇喜食清蒸白鱼

◎陈志晨／文

唐太宗李世民时，道家始祖李老子在洪泽湖南岸、淮河入湖口的丹山修道成仙美名于天下，追封老子为唐王始祖。

杨贵妃想像嫦娥一样和唐明皇去游览月宫。于是她便同唐明皇转道乘龙舟从淮河来到了丹山，寻老子仙迹。虽听说过老子在此炼制过灵丹妙药，能使人长生不老，但老子离淮隐去，仅存炼丹炉台，根本就无法得到长生不老之丹。地方官为助皇上和贵妃到此一游之雅兴，便把传说中老子在丹山仙洞吃过的仙饭仙菜仙汤献给皇上。听地方官说，当年老子在丹山最爱吃的菜莫过于"清蒸白鱼"之淮扬风味鱼肴。唐明皇欣喜大悦之下，地方官便请来当地一名老鱼厨，精挑细选了两条肉质粉嫩的白鱼。在龙舟上摆上小灶竹笼，将鱼洗净放在白瓷盘中，洒上姜葱、盐末和适量的香油，温火蒸之。开笼后，一股浓郁的清香溢满龙舟。唐明皇和贵妃喜不自禁，望着端上的"清蒸白鱼"唾涎欲滴。在地方官三躬四邀之下，唐明皇用玉筷稍稍夹了一片鱼块，雅雅搁进嘴中，慢慢咀嚼之时，呼之欲出笑开了口："哦，难怪乎，李老子爱吃此肴，实在是清香爽口耳。常食之清心爽气，能不成仙吗？"见唐明皇喜食而不止，地方官又深躬道："皇上，如此喜食之肴方显淮水白

鱼之身价，敢请皇上赐言誉辞可好？"唐明皇即兴赋词："浪里白条鲜一绝，淮水煮之美可口。"

地方官赞不绝口，忙令随从文官将皇上玉言装裱成匾，遂高挂县衙膳楼之上，倒亦助兴了唐明皇游览丹山，快哉乐哉离去了。

帝王的玉言装裱悬挂后，风味传遍了大地，又醉倒了爱弄风骚的文人雅士。杜甫游经洪泽大湖，诗赋清蒸白鱼"白白江鱼人馔来"。

诗音绕淮，诗情萦水，又引来了大诗人苏东坡与渔人诗意对话："明日淮阴市，白鱼能许肥？"渔夫笑答："若得白鱼味，且问帝王太宗游湖时。"

东坡风雅笑道："问鱼哪得清香肥，非得皇帝金口开？"渔夫答："待到渔汛浪里白条时，还愁没有舟中白鱼鲜一绝？"

送走东坡，又来了杨万里。正值湖面鲜昧飘香时，诗人泛舟湖上，觥筹交错间尽品"清蒸白鱼"的香郁风味，口出一绝："淮白须将淮水煮，江南水煮正相违。风吹杨柳叶落尽，鱼吃雪花方解肥。"

清蒸白鱼

总督送厨谢慈禧

◎朱士元／文

　　清同治年间，早为运河之都的淮安已享誉大江南北。淮扬菜更是堪称一绝，被世人青睐。从宫廷到民间，从达官贵人到普通百姓，从客居他乡到留守家园之人，对淮扬菜皆情有独钟，被誉为国菜一宝。

　　坐守清江浦的漕运总督，一日闲来无事在花园观赏起了自己喜爱的花草。边观赏边想，我从一品大员调任至此，管理这里的河务，可谓重任在肩。此地乃漕运要塞，官粮、海盐及其他重要物资都要从这里运过，稍有闪失将会贻误国家大事。想到自己的肩头责任，他那两道浓眉紧皱了起来。眼见汛期将至，疏理河道的官银迟迟没有送达，这让我怎么去招募民工呢？正在此时，只听一孩童在身旁唱起了这样的歌谣："走南京，到北京，不吃淮菜不开心。要开心，到淮阴，皇宫娘娘也动心。"听此歌谣，总督大人茅塞顿开，立即回到书房，拿起纸笔，写了一封长信差人送往京城，并有一位名厨随差人同去，直接前往后宫御膳房的一位朋友家中。那位朋友看了信后，马上明白总督大人的良苦用心。

　　又到用膳时分，慈禧太后见到桌上的菜肴与往日有异，甚觉蹊跷，但未动声色。她拿起筷子尝了一道菜后，味美绝佳。她又尝了第二道菜更是绝加味美。尝遍桌上的每道菜肴后，她立起身，笑了笑便回后宫。那些跟随太后的宫女们见老佛爷开颜大笑，有点莫明其妙。大家你看看我，我看看你，弄不清其中原委。到了后宫，慈禧仍是满脸带笑。这时，宫女们才知道，老佛爷真的开心了。老佛爷发话，小顺子立即跑到跟前听旨，"你把御膳房总管叫来。"御膳房总管立刻便到，跪拜在地。慈禧问："今日厨师是哪里人？""回老佛爷，清江浦。""何人差遣？""漕

运总督大人。""他为什么不亲自来面君？""回老佛爷，江淮一带汛期将至，朝廷拨款疏理河道的官银迟迟没有送达，总督大人正在发愁。""有这等事？我问你，清江浦的厨师也有这等高明的吗？""回老佛爷，有。"

　　正在书房中办理公文的漕运总督大人，忽听门外有人来报："疏理河道的官银运达！"听了这话，总督大人立马起身，走到门外，将来人请进客厅。来人从身上取出一封信，交给总督大人。总督大人看了信后，随口说了一句："成功啦！我要深谢淮菜厨师，他为江淮百姓立了大功啊！"说完，他便吩咐款待京所有来人。自有了这批官银以后，漕运总督大人召集管理河务的官员商讨疏理河道事宜，并商定开工之日。不多日，大运河两岸到处是疏理河道的民工。那年，虽发了大水，由于疏理及时，一直保持河道畅通无阻，漕粮、官盐在运河上直达目的地。

　　吃了淮扬菜的慈禧，每天都要夸上几句。正在慈禧高兴的日子里，漕运总督又带上淮扬三位名厨，进京拜谢慈禧太后。慈禧见到总督大人，连夸淮扬菜好。总督大人说："谢老佛爷夸奖。今天啊，我又为您带来三位名厨，一位是能做108品全膳席菜的，一位是能做88品全羊席菜的，还有一位是能做68品全鱼席菜的，恳望老佛爷赏光品尝。"自那三厨入后宫御膳房之日起，慈禧胃口大开，常邀身边的其他官员一起来品尝。后来漕运总督派人到京城办事，无一不成。

　　漕运总督为慈禧送厨，其实他是在为大运河两岸人民苦心经营，先后四位进京给慈禧做菜的淮扬名厨，为淮扬美食文化的传播尽了心，出了力。他们先后离开人间，其中最小的一位直到解放后才去世，令清江浦人深为思念。

软兜长鱼与慈禧

◎郭玉琴 / 文

左宗棠是清朝四大重臣之一，他帮助慈禧平定了太平军，还收复了新疆，为朝廷立下了赫赫战功。但由于他是举人出身入朝为官，不懂官场那一套拉拢关系站队，和同年考中的那些进士们又不熟络，所以常招人排挤，再加上他本人一向有点狂妄自大，就更被一些官员视为眼中钉了。

清光绪十年，两江总督左宗棠视察云梯关淮河水患，驻淮安府，淮安知府特地从车桥请厨师做了一道正宗淮扬菜软兜长鱼供左大人品尝。要说这软兜长鱼，可是一道名扬天下的菜谱，非车桥人的手艺做不出绝活。左宗棠大人在来淮河之前早有耳闻，那日一来听闻要吃软兜长鱼，心里也是非常高兴，想一饱口福。话说这道菜是名厨田树民父子制作出来的108样佳肴，即著名的"全鳝席"，其中软兜长鱼则是鳝鱼中的精品。

食不厌精。制作一道软兜长鱼，要先准备好姜洗净切片，再准备蒜去皮切片。葱洗净，挽成葱结。然后锅内放

入清水2000毫升、粗盐、香醋100克、葱结、姜片，用旺火烧沸，速倒入长鱼，盖紧锅盖待长鱼停止窜动，嘴张开水沸后再加入少量清水，并用手勺轻轻地将长鱼推动翻身焖约3分钟。将长鱼捞出，放入清水中洗净捞出，取脊背肉一掐两断放入沸水锅中烫一下，捞出沥去水分；炒锅置旺火上烧热，舀入熟猪油75克，烧至七成热时，投入蒜片炸香，放入长鱼脊背肉，加入料酒、味精、酱油，用水淀粉勾芡，烹入香醋15克，淋入熟猪油25克，颠锅装盘，撒上白胡椒粉即成。此菜选用端午前后的笔杆粗的小长鱼，精心烹制，更加绝妙。那一日，左宗棠看到一盘软兜长鱼上桌，脊背乌光烁亮，软嫩异常，夹入口中，清鲜爽口，蒜香浓郁。

左宗棠吃过软兜长鱼后，回到厢房正准备小憩一会，突然有贴身侍卫前来密报，慈禧老佛爷的七十大寿就要到了，朝中官员们都在积极准备庆生贺礼，一向口味刁钻的慈禧常为御膳房的菜不好吃训斥身边的近侍太监和宫女们。为了讨老佛爷欢心，这次回去何不带个会做软兜长鱼的厨子进京去为老佛爷做贺岁贡品。左宗棠一听觉得此计甚好，于是欣然答应，安排厨子随他进京。

于是光绪十年万寿节，那天举办仪式的时候，左宗棠迟迟未到，嫉妒他的官员逮到一个好机会见缝插针。礼部尚书延煦给左宗棠参了一本，左宗棠被扣上了不敬重太后的大罪名。慈禧太后本来为这件事感到很生气，不料等到左宗棠差人将软兜长鱼这样绝佳美味食品送到她面前，由太监李莲英侍候她品尝后，她顿时改变了主意，脸上露出一丝不易察觉的笑容，随即召见了醇亲王。醇亲王很会察言观色，他知道慈禧是要他出面为左宗棠鸣不平，好放左宗棠一马。于是醇亲王就在众臣面前大赞左宗棠为人做事恪尽职守，劳苦功高，为国家做出巨大贡献，此次一定是因为公务缠身才耽搁了时间，延迟出席老佛爷的寿宴。

有了醇亲王打边鼓说情，慈禧顺台阶而下，立即下了懿旨，轻罚了左宗棠一年的俸禄，同时也把污蔑左宗棠的延煦罚了一年的月供。之后软兜长鱼就成了慈禧御膳中不可缺少的一道菜谱。由于软兜长鱼具有补气益血的食疗效果，慈禧太后吃了它精神越发容光焕发。

鲶鱼须肴显龙威

◎陈志晨 / 文

洪泽湖里有种鲶鱼，幼小时像是不起眼的黑乌子，长大后浑身黑白相间，头扁鼓肚，像长不大的呆子鱼，又似早熟的鳊鱼。唯一的特征是两腮间有一对韧性胡须，故渔谣云："鲶鱼一身好，鲶须是个宝；吃了养精锐，还能延年寿。"

这个渔谣在淮河流域广为流传，而且传到了刚刚登基的朱元璋耳朵里。他嘻嘻一笑说："朕儿时在老家放牛戏水摸鱼吃，没想到这小小鲶鱼还是这么个宝贝啊。有机会朕真想一饱口福哩！"

话说不久，机会来了。是年开春，朱元璋启驾古泗州杨家墩风水宝地一带，到此专为安葬三祖冕服，选址建造气宇宏伟的明祖陵而来的。是日风和日丽，开工奠基后，地方官精心忙碌了九九八十一桌丰盛肴大宴。开宴时，心中愉悦的朱元璋端坐席首，抹着龙须，得意地笑问："如

鲶鱼细嫩
粉丝软糯

此丰盛的鱼宴，咋不见龙须大菜呢？"

这一问却把身旁的太监吓坏了，忙示意地方官赶紧准备这道鱼肴。让地方官犯难的是，皇上要的不是鲶鱼，而是鲶鱼胡须。俺的妈呀，九九八十一桌席筵上，要用多少鲶鱼须啊？地方官诚惶诚恐之下，忙下令四乡渔人划船摇桨上百只，沿淮河一路撒网，虽捕来许多鲶鱼，但割下的除须充其量仅够皇上桌上一盘而已。朱元璋微显不悦之色，刚要开口试问，机灵的马皇后倒为一脸惊恐的地方官圆了场，她说："皇上，鲶鱼须象征龙须，地方渔人已尽全力捕捞了，若是想让在席的文武大臣都能一饱口福，倒有一个办法呢。"

"那好啊，说来昕听！"朱元璋稍敛惺色。

马皇后道："即便没有这么多龙须，若以皇上爱吃的芋粉丝条配上鲜活的鲶鱼，岂不是千龙万须欢颜祭祖大宴了吗？"

"好，好！"朱元璋欣然而笑，"那就在大宴上再加上一道粉丝烧鲶鱼的美味吧！"

地方名厨便先精心给朱元璋烹了一盘姜葱蒜沫香油烟烧的鲶鱼须菜，又以麻辣风味红烧了粉丝鲶鱼盆菜。开宴启膳时，朱元璋津津有味享用柔嫩香口的鲶鱼须，赞不绝口之下，又让太监把剩下的鲶鱼须肴让大家分享了。品味之下，众臣都大加赞叹其须清韧爽口，余味无穷。见朱元璋笑得十分开心，太监又巧舌献言："皇上，您如此喜食鲶须佳肴，奴才叫御膳房每天都烹饪此肴！"

"好，好呀！那就把它列入龙宴一道美味的鲶鱼龙须大菜吧！"朱元璋适意地笑饮了一杯酒。

毕竟是皇帝赐名的鱼肴之菜，起初在古四州成了名菜，后又传遍了淮扬。传至今天，又成了淮扬菜系里一道风味独特的美食佳肴。

乾隆爱吃辣汤水晶包

◎郭应昭／文

乾隆皇帝在位60年，仿其祖父康熙皇帝六下江南，阅河工，保漕运，体察沿途风土人情，安抚黎庶百姓。首次南巡车驾发京师是乾隆十六年（1751）正月上（辛亥），最后一次下江南是乾隆四十九年（1784）正月下（丁未），来回12次经过清江浦，12次驻跸清江浦西里运河南岸的前明留下的直隶船厂。

直隶船厂原辖18个分厂，东西占地有7里长，距淮、黄、运交汇的清口10里。这里河面开阔，水势平缓，码头宽大，泊船方便。改造为行宫的直隶船厂有小桥流水、亭榭楼台，环境幽雅，乾隆甚为喜欢。没成想微服私访的乾隆首游清江浦后竟爱上了清江浦特色小吃——辣汤和水晶包，每次驻跸清江浦都要啜上一碗辣汤，吃掉两只外似裹着水晶的金黄色的生煎肉包。

虽说乾隆是"真龙天子"，身居庙堂之上，饮食自有御厨料理，熊掌燕窝、海参鱼翅不在话下，可谓食不厌精，竭尽奢靡，但久食乏味，乾隆很想品尝一下民间的饭食滋味。

首次驻跸清江浦的第二天一早，红日东升，清江浦城的上空飘着几丝云彩，乾隆见此天象，龙心大悦。他让随身太监吴书来拿来清江浦人常穿的长袍换上，并戴着一顶小毡帽，与换了便装的吴太监一起到里运河南堤上，接着马头一转向东，沿着里运河信马由缰。

马背上，乾隆左手提着缰绳，右手挂着马鞭，笑问吴太监："小来子，你知道清江浦这个地方早点都有些什么好吃的啊？"

"回禀皇上，清江浦人不蛮不侉，饮食习惯是南北兼容。水饺馄饨大肉包，烧饼油条金刚脐，糖粥汤圆阳春面，回卤干子绿豆圆，牛羊肉汤千层饼，辣汤烧卖水晶包，油

糍薄脆蜂糖糕……"小来子如数家珍地说得津津有味。

"哎！打住，打住。刚才你说什么'汤'什么'水晶'来着？"乾隆感兴趣地问。

"辣汤和水晶包。"小来子补充道："辣汤和水晶包是清江浦人最喜欢的早点，物美价廉，吃后回味无穷。"

"噢！有这等好吃的东西？好！我们今天就去吃辣汤和水晶包。"乾隆说后两腿一夹，马蹄快了起来，小来子也赶紧策鞭跟上。

不觉两匹马已到离清江大闸不远的斗姥宫。小来子下马问询路人后得知，大闸口南不远处就有一家闻氏辣汤水晶包子店。

闻氏是清江浦石桥人，石桥一带有多家人做辣汤生意。他们多是早晚挑辣汤担子出来走街串巷叫卖，辣汤担子多兼卖炸好的油糍。闻家近年在大闸口旁盘了一片小店，既卖辣汤，又卖水晶包，生意相当红火。

清江浦的辣汤食材，一是当地翁家卤点百叶，这种百叶淡黄、绵软、劲道，卤味清淡，切出的丝经煮不烂；二是烟台海带，这种海带薄如蝉翼，切出的细丝煮出来软硬适中，口感尤佳，且香味沁脾；三是顺河集的豌豆粉丝，这种粉丝白皙地道，煮出来像银丝交互，衬出百叶的淡黄和海带的翠绿；四是用上好小麦精粉加水揉成面团后，再手工在清水中将面团中淀粉汰出，留下来的就是面筋。撕成蚕豆般大小的片状面筋与前三种食材同煮，待大火烧开后，再将洗面筋的淀粉水倒入辣汤中勾芡，继续用小火烧开。

辣汤的辣主要是来自烧制时就放进去的黑胡椒，黑胡椒醒脑开胃，可治伤风感冒。食者若觉辣度不够，可自行

将辣椒酱添入辣汤，还可放点香醋调味。爱吃辣的人往往是脑门沁出汗珠来。

用上好的面粉发酵后兑食碱做成水晶包皮，馅是当天宰杀的纯猪前腿肉剁成肉糜，拌入适量的当地香葱、生姜、盐和料酒等。包好的生包排放在油烧热的平底铁锅内，盖上防走汽的杉木锅盖，平锅下是均匀的木炭火，待听到锅内生包丝丝作响后，用平铁铲将包子上下翻个身，倒人豆油将包子半浸在油中……氤氲中出锅的包子底结上一层晶莹剔透的盖，整个包子油光发亮，香气扑鼻，依形而云"水晶包"。

话说乾隆与小来子将马系好在大闸口的石栏上，兴致勃勃地来到闻氏辣汤店。只见一副辣汤挑子摆在店门口右侧，辣汤甑子的铁凹锅下冒着袅袅松烟，正在忙着盛辣汤的闻三爷见有客人进门，连忙笑嘻嘻地响亮招呼："来啦！二位客官。"

小来子将乾隆引到屋内一张长方桌旁的长方凳上坐下，欲按规矩启禀皇上，却被乾隆用手指制止。乾隆朗声道："店家，来两碗辣汤，4只水晶包。"

"好嘞！稍候就到。"闻三应声。

旋即，闻三端来两碗辣汤，闻四捧来4只水晶包。乾隆看到热气腾腾的辣汤和金黄油亮的水晶包，早就按捺不住食欲，他先用勺子舀了一勺啜入口中，一股香辣之气钻入肺腑，又从鼻孔逸了出来，乾隆不由得咂嘴叫"好"。接着，乾隆举箸夹起一只水晶包，送至嘴边小心地咬了一口，顿觉两颊生津，乾隆又情不自禁地说："香！"

二人解缰上马，打道回府。还沉浸在小吃鲜美中的乾隆忍不住吟诗四句："南巡路过清江浦，喜啖辣汤翡翠包，汇浦建牙资保障，黄流奏绩久德高。"

乾隆回朝后，专门委派吴太监带两名御厨前往闻氏小吃店学手艺……从此，清江浦的辣汤和水晶包名声大振，水晶包又名翡翠包。

朝鱼那些事

◎章侠 / 文

无鱼不成席。在清江浦，从大大小小的酒席到百姓家宴的最后一道菜必为红烧朝鱼。老百姓有口头禅：朝鱼上，没指望。朝鱼在清江浦人的生活中有着举足轻重的地位。寻常百姓可能一辈子未尝过什么山珍海味，但对朝鱼的鲜美却都能说出个一二三。至今民间还流传着：山珍海味摆一桌，不如小朝鱼嘲嘲。

百科全书记载：学名鲫鱼，一般体长为15~20厘米，体侧扁而高，体较厚，腹部圆，含有丰富的蛋白质及多种维生素，适应性强，广泛分布于全国各地湖泊。

据史料记载，正德十四年，明武宗自封威武大将军，御驾亲征反叛藩王朱宸濠，十一月至清江浦，住在太监张阳家中。长期生活在北方的正德帝见清江浦河湖池沼密布，鱼虾丰硕肥美，特别是常盈仓旁的积水池（即户部分司南园，今楚秀园前跃龙池）汇集涧溪水流，鱼族繁衍，墅洞清幽，别具雅致，大喜，累日娱钓于此，享受着垂钓的乐趣。《明史·本记》还特意加记"渔于清江浦"。上钩的多是三四寸不等的鲫鱼，十分喜人，武宗这垂钓也只是玩玩而已，当即就把这些鱼随意赐给漕督以下的一干文武官员，受者十分荣幸，当然也不会白拿，投瓜报玉，献金帛为谢。一些豪绅巨贾也趋之若鹜，攀鳞邀宠，乞得一鳞半尾便招摇过市，夸耀乡里，谓之朝廷所赐。有的还锣鼓笙箫，敬请回家，养于窑缸，供于老爷柜，以示荣宠，奉为"朝鱼"。武宗一行也落个钵满袋满。如此一晃10多日，才不舍回京。武宗虽走，但这鲫鱼改称为朝鱼却成老百姓茶前饭后的笑谈，老百姓不论是买的、钓的、网的，也都戏称为"朝鱼"。

次年九月十二，武宗经镇江、扬州返京时，又过清江浦，仍住在张阳家中。旧地重游，念念不忘的仍是那汪池水垂钓的乐趣，于九月十五日再次光顾积水池。这时大太监江彬为讨好皇帝，又出新意说："钓何如网。"随从也齐声称妙，"武宗跃登小舟，自泛舟渔于积水池"。你想，一个生于深宫之内，长于妇人之手，不事稼穑的皇帝，何能摇橹掌楫，又怎会撒网技巧，结果一使劲，重心不稳，"舟覆溺焉，左右大恐争入水扶掖之"，大家手忙脚乱方将武宗救入舟中。当时皇上并没有什么感觉，谁知受了寒凉和惊吓，回京后不多久，就一命呜呼了。《明史·本记》记载："九月已巳，渔于积水池，救危，遂不预"。为了纪念这位皇帝在淮的这段经历，时人便把这位"真龙天子"落水的地方称之为"跃龙池"，现楚秀园的西大门前池上之桥称为"跃龙桥"。东大门前的桥，则以明武宗的年号"正德"为桥名。

直到今天，朝鱼仍是老百姓的最爱，可这段历史已鲜为人知了。真是：

清江浦里多奇趣，
一夕朝鱼易鲫鱼，
褒贬千秋谁理会，
几多谈笑几唏嘘。

朝鲫鱼

仁义玉壶春

◎谢志明 / 文

清江浦清江大闸北侧有条东长街，东长街的街头有一个清江浦著名的老饭店——玉壶春。这是下水路改陆路的中转之地，生意极好。

玉壶春是临东长街的一座两层楼的建筑，楼上朝南的窗户正对着清江大闸，近看东长街繁华的街景，远看大闸口一泻而下的河水，河面上的樯帆点点。耳边似乎回荡起哗哗的流水声、绞关工的奋力哼哈、纤夫的悠扬长号。

想当年，这不能不说是一个有声有色有味的好去处。

一面镶着牙黄条的酒幡，上书三个大字"玉壶春"，酒旗在酒楼门前迎风招展。店门口坐着个上了年纪的咨客，招呼接待着来往的客人。

做咨客是有讲究的，这些人一般都精于世故，一见人便能看出此客的道行深浅，进得店来能做多大的消费，咨客可是拿捏得恰到好处，一声招呼，不怠慢了客人，再一声招呼，传到客厅跑堂的知晓。这第二声一般都用切口，也就是行业术语，一般外人不懂。店里跑堂的小二便会听得咨客的招呼，知晓来客的身份来路，是来吃面的吃客饭的，还是楼上来观景喝酒的主儿，然后对号入座，照人兑汤，这样便减少了许多的尴尬。

想那赚了钱的客人，上得玉壶春酒楼来，坐在临窗的桌头，看那楼外的景色，意气风发，踌躇满志，盘算着自己的大好前程，真把酒临风，其喜洋洋哉也了。

也有那倒了霉的、蚀了本的商家进得店来，本想吃一个肚儿圆，不做饿死鬼。"啪"用筷子一拍桌子，扯开嗓子：烫两壶酒，一盘牛肉哨，一盘熘肝尖。

咨客早看出客人是干什么的了，正准备吃完了就眼一瞎跳大闸呢。正当客人吃着想着，想着想着就流下了眼泪，望着窗外，一脸的茫然。正当念天地之悠悠，独怆然而涕下的时候，跑堂的麻利地托了盘菜上来。

这位客官，您点的菜来了！

什么菜啊？我没点这道菜啊！

本店特供，老板奉送，咸鱼烧豆腐！

跑堂的将菜放到桌上，筷子将咸鱼一翻，就见着了埋

在鱼背面的、白花花的大肉块子，和垫在盘边的煎的黄亮亮的油豆腐。

跑堂柔声说道：客官看到没，咸鱼能翻身，翻身一盆金呐！留得青山在，不怕没柴烧，您吃了这道菜一定无本万利，财源滚滚。

一句话点拨得客人回过意来，断了那死心，这便是一道菜救得一人命了。

玉壶春的这道"咸鱼翻身满盆金"，不知道救了多少蚀本亏欠的商人要死的心，再想想这玉壶春的名字，真的春风拂面酒壶暖心呐！

就有那度过了难关的、缓得过劲来的、东山又再起的客人，路过清江大闸，都会到玉壶春来挥洒一番，咨客哪里会看不出来，当然又会上梅干菜扣肉、阳春面。什么意思？晴天防雨天，得意防失意，好日子带长了过。

在这里不是客人有钱，店家就宰客，仁义玉壶春在这里自然又是另一种救人仁义的说道。

热烫味香
鲜嫩油润

平桥豆腐

关天培与平桥豆腐

◎荣根妹 / 文

    平桥豆腐曾为关天培将军在外交上做出过贡献。鸦片战争前夕，英国驻华商务总监查·义律不安好心地请关天培吃饭，想借机出一出这位禁烟铁腕人物的洋相。主菜上完后，他特地奉上一款点心"冰激凌"，关天培虽有戒备，但却不明就里，也学着那些领事，挑了一勺放入口中，哪知那是冰，差点冻掉了所剩无几的几颗老牙，关天培终究是武将，耐力非凡，还是忍辱负重地吞下了。

    第二天，关天培摆设答谢宴，特意让家厨准备了淮扬名菜平桥豆腐，每人一碗放在客人的面前，因起锅时淋了一层明油，豆腐看似不冒热气，其实很烫。义律不知其厉害，又经不住"平滑如凝脂，白嫩赛西施"的豆腐的诱惑，便一勺入口，没想到的是直烫熟了整根舌头和腮边皮。外交场合是要尊严的。为了不出丑，他只好忍着，那豆腐在嘴里打转。然而，这豆腐的油是滚开的，那哪是皮肉所能忍耐的。最后，他终于受不了了，"哇"的一声，全部吐出。

    关天培用平桥豆腐惩治义律，并不单单为报那"冰激凌"一冰之苦，而是要让义律及英国知道，中国人不是好惹的。

抗金蒲菜

◎黄迎红 / 文

蒲生长在沟河池塘湖泊内，生命力很强。蒲苇韧如丝，那是老蒲，初生的蒲心蒲茎很嫩，可以食用。这里还有一个美丽的故事。

古代清江浦城西北角，住着一对年轻的夫妻——甫才和莲花，二人靠开几亩荒地种植水稻，从栽插、施肥、挑水、灌溉，到薅草捉虫，夫妻俩吃尽了辛苦。夏去秋来，眼看即将开镰收割，一天黑夜，淮河洪水像猛兽一样，吞没了他们全年的劳动果实。夫妻俩并没有畏缩，待到洪水一退，又整修土地，进行播种。此事感动了过路的神仙，神仙在云端里抛给他们一把旧勺子，贤惠的妻子把勺子收藏在一只破木桶里。第二天早晨起来一看，木桶里盛满白晶晶的大米，两人先是一惊，后来商量一阵，把大米分给贫苦的左邻右舍吃。可是奇怪得很，桶里的米老是分不尽、吃不完。

消息传到一个大财主耳里，财主策划抢勺。夫妻俩得到消息，当晚就把勺子藏到文通塔北边一棵百年老槐树下。第二天细雨霏霏，老财主带着一群凶神恶煞的打手来抢勺，刚到文通塔下，面前就横着一个白光闪烁的勺子形的湖泊。老财主气的七窍生烟，喝令打手捆了年轻的夫妻抛到湖里。那勺湖周围的穷乡亲，听说甫才夫妻二人惨遭毒手，都纷纷赶到湖边烧香磕头，祈祷菩萨，让这对夫妻魂升仙境。

到了第二年，勺湖里就长满了蒲草和莲花。高高出水的莲叶像亭亭的舞女的裙，层层的叶子中间点缀着红艳艳的荷花，有的娇红，有的洁白如玉，在阳光的照射下色彩斑斓，微风吹过送来缕缕清香，使人流连忘返。勺湖里的蒲草也是越长越茂盛，不但在勺湖遍岸生长，而且蔓越到附近的萧湖、城西南的月湖及老淮安城周围的大小池塘。

过去人们并不知道它可食。相传，南宋巾帼英雄、淮城北辰坊人梁红玉率兵坚守淮安城时被金人围困，粮食断绝，便在古城内到处寻找野生作物充饥。一日在文通塔的勺湖湖畔，发现马吃蒲草，才想到人亦可食蒲草的根茎。于是便让军士挖蒲草根茎代食，解决了军中粮食尽绝的困境，军民同心协力，终于打败了金兵。从此人们开始普遍食用，取名"蒲菜"（甫才），民间亦有"抗金菜"之称。

色泽洁白
清香四溢
鲜嫩可口

抗金蒲菜

二河鳊鱼——救命鱼

◎王涛 / 文

二河是中国第四大淡水湖洪泽湖的一条引河，连通洪泽湖与淮沭河，最终东流入海。二河也是淮安市区的饮用水取水河，长年保持 0.07 米 / 秒的流速，水质三类以上，水生植物和鱼类资源极为丰富。二河鳊鱼在这种优质水环境中生长，形体与武昌鱼相似，肉质嫩滑，味道鲜美，口感极佳。

日本人占据清江浦城时，烧杀抢掠、无恶不作，经常去百姓家搜刮民脂民膏，还将各家各户的鸡鸭猪等家禽家畜吃了个精光，老百姓的日子过得很是惨淡。家住二河边的王勇与母亲相依为命，父亲被日本人抓去做苦工，最后被活活折磨而死。王勇怀着对日本人的仇恨加入了共产党的地下组织。

寒冬的一天晚上，王勇和母亲早已睡下，忽然听见一阵轻而促的有节奏的敲门声。王勇一向警觉，知道这是组织的人来了，赶紧起床开门。门一开，便倒进一个人。王勇扶起来人关好门。来人是个伤员，身上血迹斑斑。王勇熟练地为伤员包扎处理伤口，一直忙到天亮。母亲起床看此情景大吃一惊，和王勇商量现在风声很紧，既不能出去为伤员抓药，家中又没有营养食材为伤员调理身体，这可怎么办。

王勇二话没说，拿了把铁锹就出了门，一直往东边二河方向走。到了河边，寒风呼呼，刀子般割在脸上，河面上结了足有一尺厚的冰。王勇一步步坚定地走向河中央，举起铁锹一下下凿向厚重的冰面，那一刻，二河也在对王勇肃然起敬。不知过去多长时间，王勇的汗水一颗颗低落在冰面上，一点点融化坚固的河面，其实，融化了冰面的又何止是他勇敢的汗水，还有那一颗火热的心灵。

信仰是最深切的动力，凭借对党的忠诚，对战友的情谊，王勇终于凿开了冰冻三尺河面。从此，王勇每天都从这里钓鱼，两个月下来，伤员的身体渐渐好转，回归部队。后来，二河鳊鱼还救治了一个又一个伤员，清江浦的百姓称二河鳊鱼是救命鱼。

原来，二河鳊鱼含有丰富的蛋白质、维生素、钙、磷、铁等营养元素，其 100 克鱼肉蛋白质含量高达 22 克，比武昌鱼多 2 克。解放后，清江浦百姓琢磨出最好吃的一种烧法——红烧二河鳊鱼。具体做法是：首先是中小火、色拉油把鳊鱼煎至双面金黄，然后是大火、色拉油、菜籽油烧热，放葱、姜、蒜、干辣椒煸香，再放入煎好的鳊鱼，加入熬制好的鱼卤汁、老抽、盐、胡椒、糖、水，大火烧开后转小火焖 15 分钟，最后再用大火收汁装盘放香菜。

红烧二河鳊鱼烹饪过程中，鱼肉中的各种微量元素充分溶解释放，除了蛋白质和钙、磷、铁等营养元素，还能产生大量人体容易吸收的氨基酸，具有补虚、益脾、养血、祛风、健胃之功效，可以预防贫血症、低血糖、高血压和动脉血管硬化等疾病。